1000 अर्थशास्त्र प्रश्नोत्तरी

दिलीप पीपाड़ा

प्रभात पेपरबैक्स
www.prabhatbooks.com

प्रकाशक

प्रभात पेपरबैक्स

4/19 आसफ अली रोड, नई दिल्ली–110002

फोन : 23289555 • 23289666 • 23289777 ❖ फैक्स : 23253233

इ–मेल : prabhatbooks@gmail.com ❖ वेब ठिकाना : www.prabhatbooks.com

संस्करण

2018

मूल्य

एक सौ पचहत्तर रुपए

अ.मा.पु.स. 978-93-5266-907-3

मुद्रक

नरुला प्रिंटर्स, दिल्ली

———— ★ ————

1000 ARTHSHASTRA PRASHNOTTARI

(1000 Economics Quiz)

by Dilip Pipada

Published by **PRABHAT PAPERBACKS**

4/19 Asaf Ali Road, New Delhi-10002

ISBN 978-93-5266-907-3

₹ 175.00

आभार

प्रस्तुत पुस्तक '1000 अर्थशास्त्र प्रश्नोत्तरी' आपके समक्ष प्रस्तुत करते हुए मैं हर्ष का अनुभव कर रहा हूँ। वस्तुतः इस पुस्तक को लिखने की प्रेरणा मुझे अपने आध्यात्मिक गुरु पूज्य श्री गौतम मुनि 'प्रथम' व श्री गोविंद शर्मा (सोड़ा डिग्गी) से प्राप्त हुई, जिनके आशीर्वाद के फलस्वरूप ही मैं इसे पूरा करने में सफल हो सका हूँ। मैं लगातार आगे बढ़ने के लिए प्रेरित करनेवाले ईमानदारी व स्वाभिमान के प्रतीक मेरे पिता श्री ताराचंद पीपाड़ा व पीयूष स्रोत सी बहनेवाली स्नेहमयी माता श्रीमती लीलावती का भी ऋणी हूँ, जिनके सद्प्रयासों के फलस्वरूप ही मैं आज इस स्तर तक पहुँच पाया।

मैं अपने महाविद्यालय के प्राचार्य प्रो. आर.एल. जैन, उप-प्राचार्य डॉ. रवींद्र कटेवा, विभागाध्यक्ष डॉ. अल्पना सैनी का भी आभारी हूँ, जिन्होंने महाविद्यालय की अन्य गतिविधियों के कार्यभार से मुक्त कर पुस्तक को समय पर पूरा करने में अपना पूर्ण नैतिक सहयोग प्रदान किया। साथ ही मैं अपनी धर्मपत्नी श्रीमती अन्विता पीपाड़ा का भी आभारी हूँ, जिसने कार्य के दौरान न केवल मुझे यथासंभव पारिवारिक दायित्वों से मुक्त रखा, वरन् लेखन कार्य में भी आवश्यकतानुसार सहयोग प्रदान किया। इस अवसर पर मैं अपने घर के दो नन्हे खिलौने सृष्टि जैन व श्रेयांस पीपाड़ा को भी नहीं भूल सकता, जिनकी बालसुलभ चपलताओं व मुसकराहट ने मुझे कार्य की थकान को महसूस नहीं होने दिया। इसके अतिरिक्त पुस्तक को पूरा करने में मुझे समय-समय पर विद्वान् साथी प्राध्यापकों, परिजनों व विद्यार्थियों का सहयोग भी प्राप्त होता रहा है, जिसके लिए मैं सभी का हृदय से आभारी हूँ।

अनुक्रम

1

व्यष्टि अर्थशास्त्र

अर्थशास्त्र की परिभाषा, स्वरूप, विषय-क्षेत्र व समस्याएँ

1. 'अर्थशास्त्र' नामक पुस्तक सर्वप्रथम किसके द्वारा लिखी गई?
   (अ) जे.के. मेहता (ब) दादाभाई नौरोजी
   (स) कौटिल्य (चाणक्य) (द) दीनदयाल उपाध्याय
2. आधुनिक अर्थशास्त्र का जन्मदाता किसे माना जाता है?
   (अ) एडम स्मिथ (ब) प्रो. मार्शल
   (स) कौटिल्य (चाणक्य) (द) दादाभाई नौरोजी
3. एडम स्मिथ की किस पुस्तक के प्रकाशन के पश्चात् अर्थशास्त्र का स्वरूप स्वतंत्र रूप से अस्तित्व में आया?
   (अ) प्रिंसिपल ऑफ इकोनॉमिक्स (ब) वेल्थ ऑफ नेशंस
   (स) अर्थशास्त्र के सिद्धांत (द) अंतरराष्ट्रीय अर्थशास्त्र
4. एडम स्मिथ एवं उनके अनुयायियों ने अर्थशास्त्र को क्या माना था?
   (अ) मानव कल्याण का विज्ञान
   (ब) मानव व्यवहार के अध्ययन का विज्ञान
   (स) अधिकतम संतोष-प्राप्ति का विज्ञान
   (द) धन का विज्ञान
5. एडम स्मिथ व उनके अनुयायियों को क्या माना जाता है?
   (अ) प्रतिष्ठित अर्थशास्त्री (ब) कल्याणवादी अर्थशास्त्री
   (स) वणिकवादी अर्थशास्त्री (द) प्रकृतिवादी अर्थशास्त्री

उत्तर के लिए कृपया पृष्ठ सं. 161 देखें।

6. प्रतिष्ठित अर्थशास्त्रियों के धन-प्रधान दृष्टिकोण की आलोचनाओं में निम्न में से कौन सी सम्मिलित नहीं है?

(अ) धन को अत्यधिक महत्त्व (ब) अर्थशास्त्र का विस्तृत क्षेत्र

(स) आर्थिक मानव की कल्पना (द) धन का संकुचित अर्थ

7. प्रो. मार्शल, पीगू, ऐली, केनन आदि अर्थशास्त्रियों ने अर्थशास्त्र के संबंध में किस दृष्टिकोण को महत्त्व प्रदान किया था?

(अ) धन-प्रधान (ब) कल्याण-प्रधान

(स) आवश्यकता-प्रधान (द) दुर्लभता-प्रधान

8. अर्थशास्त्र को 'धन का अध्ययन' नहीं, मानव-कल्याण के अध्ययन का विज्ञान किसने बतलाया था?

(अ) प्रो. केनन (ब) प्रो. पीगू

(स) प्रो. मार्शल (द) प्रो. ऐली

9. अर्थशास्त्र की भौतिक कल्याण संबंधी विचारधारा के कटु आलोचक कौन थे?

(अ) लॉर्ड रॉबिंसन (ब) प्रो. केनन

(स) प्रो. पीगू (द) प्रो. पेंसन

10. लॉर्ड रॉबिंस ने अर्थशास्त्र में किसके अध्ययन को प्रमुखता दी थी?

(अ) धन (ब) मानव-कल्याण

(स) दुर्लभता (द) आर्थिक क्रिया-कलापों

11. अर्थशास्त्र को अनेक उद्देश्यों और वैकल्पिक उपयोगोंवाले दुर्लभ साधनों के संबंध में मानव-व्यवहार का अध्ययन किसने माना?

(अ) चार्ल्स डिकिंस (ब) लॉर्ड रॉबिंसन

(स) डेविड रिकार्डो (द) विलियम मोरिस

12. लॉर्ड रॉबिंसन ने मनुष्य की आवश्यकताएँ कैसी बतलाई हैं?

(अ) असीमित (ब) सीमित

(स) मुद्रा की मात्रा से नियंत्रित (द) अनिवार्य

13. रॉबिंसन के अनुसार अर्थशास्त्र के अध्ययन का प्रारंभिक बिंदु क्या माना जाता है?

(अ) आवश्यकता (ब) साधन

उत्तर के लिए कृपया पृष्ठ सं. 161 देखें।

(स) सीमितता (द) मानव व्यवहार

14. अर्थशास्त्र की आवश्यकता-विहीनता परिभाषा के प्रतिपादक अर्थशास्त्री कौन हैं ?

(अ) प्रो. जे.के. मेहता (ब) प्रो. विलियमसन

(स) प्रो. मिंट (द) श्रीमती बारबारा बूटन

15. "जहाँ छह अर्थशास्त्री होते हैं वहाँ सात मत होते हैं"—अर्थशास्त्र की परिभाषा के संदर्भ में यह कथन किसका है ?

(अ) प्रो. जे.के. मेहता (ब) प्रो. विलियमसन

(स) श्रीमती बारबारा बूटन (द) प्रो. जैकब वाइनर

16. अर्थशास्त्र की विकास केंद्रित परिभाषा के समर्थक अर्थशास्त्रियों में निम्नलिखित में से कौन सम्मिलित नहीं है ?

(अ) प्रो. मिंट (ब) प्रो. हैरड

(स) के.जी. सेठ (द) प्रो. सेम्यूलसन

17. अर्थशास्त्र में मनुष्य की किन क्रियाओं का अध्ययन किया जाता है ?

(अ) सामाजिक (ब) राजनीतिक

(स) आर्थिक (द) सभी प्रकार की क्रियाओं का

18. प्रो. पीगू ने आर्थिक क्रियाओं में किन कार्यों को सम्मिलित किया है ?

(अ) कृषि (ब) उद्योग

(स) व्यापार (द) धनार्जन की समस्त क्रियाएँ

19. "अर्थशास्त्र वह विज्ञान है, जो दीर्घकाल में दुःख को न्यूनतम करने से संबंधित मानवीय आचरण का अध्ययन करता है।"—यह किसका कथन है ?

(अ) साइमन कुजनेट्स का (ब) प्रो. जे.के. मेहता का

(स) वी.के.आर.वी. राव का (द) प्रो. अमर्त्य सेन का

20. अर्थशास्त्र को 'रोजगार एवं जीवन-स्तर को प्रभावित करनेवाले तत्त्वों का अध्ययन' किसने माना है ?

(अ) प्रो. मिर्डल (ब) हेनरी स्मिथ

(स) बेनहम (द) जे.एम. केंज

21. अर्थशास्त्र की प्रकृति (स्वभाव) से क्या अभिप्राय है ?

(अ) यह विज्ञान है (ब) यह कला है

उत्तर के लिए कृपया पृष्ठ सं. 161 देखें।

(स) यह विज्ञान व कला दोनों है (द) न विज्ञान है न कला

22. आर्थिक समस्या कब उत्पन्न नहीं होती है?
(अ) जब आवश्यकताएँ असीमित होती हैं
(ब) जब साधनों के वैकल्पिक प्रयोग होते हैं
(स) जब साधन का चुनाव करना होता है
(द) जब साधन असीमित होते हैं

23. निम्नलिखित में से कौन सी प्रमुख आर्थिक समस्या नहीं है?
(अ) क्या व कितना उत्पादन किया जाए
(ब) विदेशी व्यापार का नियमन व नियंत्रण कैसे हो
(स) उत्पादन किस प्रकार किया जाए
(द) उत्पादन का वितरण किस प्रकार हो

24. उत्पादन के साधनों की सीमितता एवं वैकल्पिक प्रयोगयुक्त होने के कारण कौन सी समस्या उत्पन्न होती है?
(अ) साधनों के संरक्षण की (ब) साधनों के प्रयोग की
(स) साधनों में वृद्धि की (द) साधनों के चुनाव की

25. अल्पकाल में किसी वस्तु की पूर्ति माँग की तुलना में कम होने पर सरकार क्या करती है?
(अ) मूल्य-वृद्धि (ब) उत्पादन में वृद्धि
(स) राशनिंग (द) बिक्री पर रोक

26. एक स्वतंत्र पूँजीवादी अर्थव्यवस्था में राशनिंग की समस्या का समाधान कैसे किया जाता है?
(अ) कीमत-यंत्र से (ब) सरकारी आदेश से
(स) आयात से (द) विवेकपूर्ण उपभोग से

27. स्टोनियर व हैग के द्वारा अर्थशास्त्र के विभाग बतलाए गए हैं—
(अ) वर्णमूलक अर्थशास्त्र (ब) आर्थिक सिद्धांत
(स) अनुप्रयुक्त अर्थशास्त्र (द) उपर्युक्त सभी

28. जब किसी विषय पर तथ्यों को एकत्र करके उनका विश्लेषण किया जाता है, तो उस विश्लेषण को क्या कहा जाता है?
(अ) अनुप्रयुक्त विश्लेषण (ब) समग्र विश्लेषण

उत्तर के लिए कृपया पृष्ठ सं. 161 देखें।

(स) वर्णमूलक अर्थशास्त्र (द) सामाजिक विश्लेषण

29. निम्नलिखित में से किसमें अर्थव्यवस्था के प्रमुख लक्षणों के साथ-साथ कार्य करने का तरीका भी बताया जाता है?

(अ) वर्णमूलक अर्थशास्त्र (ब) आर्थिक सिद्धांत

(स) अनुप्रयुक्त अर्थशास्त्र (द) अंतरराष्ट्रीय अर्थशास्त्र

30. आर्थिक सिद्धांतों का व्यावहारिक जगत् के संदर्भ में परीक्षण किस अर्थशास्त्र में किया जाता है?

(अ) वर्णमूलक अर्थशास्त्र (ब) कल्याण अर्थशास्त्र

(स) अनुप्रयुक्त अर्थशास्त्र (द) सामाजिक अर्थशास्त्र

अर्थशास्त्र की शाखाएँ व अध्ययन-विधियाँ

31. अर्थशास्त्र में सर्वप्रथम 'व्यष्टि' व 'समष्टि' शब्दों का प्रयोग किस विद्वान् ने किया था?

(अ) एडम स्मिथ (ब) रेग्नर फ्रिश

(स) अल्फ्रेड मार्शल (द) गार्डनर ऐक्ले

32. अर्थशास्त्र की किस शाखा में एक व्यक्तिगत, इकाई परिवार, उपभोक्ता, फर्म, उद्योग आदि का अध्ययन किया जाता है?

(अ) अनुप्रयुक्त अर्थशास्त्र (ब) समष्टि अर्थशास्त्र

(स) वर्णमूलक अर्थशास्त्र (द) व्यष्टि अर्थशास्त्र

33. व्यष्टि अर्थशास्त्र को साधारण बोलचाल में क्या कहा जाता है?

(अ) सूक्ष्म अर्थशास्त्र (ब) विस्तृत अर्थशास्त्र

(स) अनुप्रयुक्त अर्थशास्त्र (द) मेक्रो अर्थशास्त्र

34. अर्थशास्त्र की किस शाखा में आर्थिक विषयों का व्यापक अध्ययन किया जाता है?

(अ) व्यष्टि अर्थशास्त्र (ब) समष्टि अर्थशास्त्र

(स) अनुप्रयुक्त अर्थशास्त्र (द) वर्णमूलक अर्थशास्त्र

35. समष्टि अर्थशास्त्र को अन्य किस नाम से जाना जाता है?

(अ) सूक्ष्म अर्थशास्त्र (ब) विस्तृत अर्थशास्त्र

(स) माइक्रो अर्थशास्त्र (द) लोक अर्थशास्त्र

उत्तर के लिए कृपया पृष्ठ सं. 161 देखें।

36. समष्टि अर्थशास्त्र को लोकप्रिय बनाने का श्रेय किसे दिया जाता है?

(अ) प्रो. मार्शल (ब) गार्डनर ऐक्ले

(स) जे.एम. कीन्स (द) के.ई. बोल्डिंग

37. आर्थिक व्यष्टि भाव का निर्माता किसे माना जाता है?

(अ) प्रो. मार्शल (ब) एडम स्मिथ

(स) पीगू (द) जे.एम. कीन्स

38. व्यष्टि अर्थशास्त्र का महत्त्व निम्न में से किसमें सर्वाधिक है?

(अ) कीमतों के निर्धारण में

(ब) आय व रोजगार के सिद्धांतों में

(स) सामान्य मूल्य स्तर का सिद्धांत

(द) आर्थिक विकास व नियोजन में

39. व्यष्टि अर्थशास्त्र में कौन सी मुख्य कमी पाई जाती है?

(अ) कुछ आर्थिक समस्याओं के अध्ययन में अनुपयुक्त

(ब) पूर्ण रोजगार मानकर चलता है

(स) व्यष्टि निष्कर्ष संपूर्ण अर्थव्यवस्था से मेल खाना आवश्यक नहीं

(द) संपूर्ण अर्थव्यवस्था का ज्ञान न होना

40. समष्टि अर्थशास्त्र का महत्त्व किसमें है?

(अ) आर्थिक नीति के निर्धारण में

(ब) विभिन्न आर्थिक समस्याओं के समाधान में

(स) व्यष्टि अर्थशास्त्र के विकास में

(द) उपर्युक्त सभी

41. वर्तमान में अर्थशास्त्र की किस शाखा का महत्त्व बढ़ता जा रहा है?

(अ) व्यष्टि अर्थशास्त्र (ब) समष्टि अर्थशास्त्र

(स) अंतरराष्ट्रीय अर्थशास्त्र (द) मौद्रिक अर्थशास्त्र

42. राष्ट्रीय अथवा संपूर्ण अर्थव्यवस्था की समस्या के समाधान हेतु किस अर्थशास्त्र का अध्ययन किया जाता है?

(अ) समष्टि अर्थशास्त्र (ब) व्यष्टि अर्थशास्त्र

(स) श्रम अर्थशास्त्र (द) अंतरराष्ट्रीय अर्थशास्त्र

43. "व्यक्तिगत बचत एक अच्छा गुण है, किंतु सामूहिक बचत एक दुर्गुण

उत्तर के लिए कृपया पृष्ठ सं. 161-162 देखें।

है।''—बचत के विरोधाभास के संदर्भ में उपर्युक्त कथन किसका है?

(अ) गार्डनर ऐक्ले (ब) जे.एम. कीन्स

(स) वालरस (द) विकसैल

44. अर्थशास्त्र में स्थैतिक व प्रावेगिक शब्दों का प्रयोग सर्वप्रथम किसके द्वारा किया गया?

(अ) जे.एम. कीन्स (ब) गार्डनर ऐक्ले

(स) जे.एस. मिल (द) प्रो. मार्शल

45. ऐसी अर्थव्यवस्था जिसमें गति तो होती है, परंतु गति की दर समान रहती है, क्या कहलाती है?

(अ) प्रावैगिकी (ब) तुलनात्मक स्थैतिकी

(स) स्थैतिकी (द) स्थिर गतिकी

46. प्रतिवर्ष जितनी मशीनों की घिसावट होती है, यदि उतनी ही मशीनें नई निर्मित हों, तो पूँजी-निर्माण की गति कैसी होगी?

(अ) स्थिर (ब) वृद्धिशील

(स) प्रावेगिक (द) आसमान

47. आर्थिक विश्लेषण की वह शाखा, जिसमें आर्थिक परिवर्तनों के साथ परिवर्तनों की प्रक्रिया का भी अध्ययन किया जाता है, क्या कहलाती है?

(अ) स्थैतिकी (ब) तुलनात्मक स्थैतिकी

(स) प्रावैगिकी (द) प्रक्रियात्मक स्थैतिकी

48. मूल्य निर्धारण के मकड़-जाल मॉडल का प्रयोग किसमें किया जाता है?

(अ) व्यष्टि स्थैतिकी विश्लेषण (ब) व्यष्टि प्रावैगिक विश्लेषण

(स) समष्टि स्थैतिकी विश्लेषण (द) समष्टि प्रावैगिक विश्लेषण

49. स्थैतिक विश्लेषण के संदर्भ में निम्नलिखित में से कौन सा कथन असत्य है?

(अ) इसमें समय तत्त्व को महत्त्व नहीं दिया जाता

(ब) केवल संतुलन स्थिति का अध्ययन किया जाता है

(स) आगमन-प्रणाली पर आधारित है

(द) काल्पनिक विश्लेषण है

50. आर्थिक विश्लेषण में उपयोगिता की अवधारणा का प्रयोग सर्वप्रथम किसके द्वारा किया गया था?

उत्तर के लिए कृपया पृष्ठ सं. 162 देखें।

(अ) अल्फ्रेड मार्शल (ब) एडम स्मिथ
(स) विलियम स्टैनले (द) जे. बेंथम

उपभोक्ता के व्यवहार का सिद्धांत

51. अर्थशास्त्र में उपयोगिता का आशय क्या लगाया जाता है?
(अ) लाभदायकता से (ब) रुचिप्रद होने से
(स) आवश्यकता की संतुष्टि से (द) उपभोग योग्य होने से

52. अर्थशास्त्र की दृष्टि से यदि शराब किसी व्यक्ति के मस्तिष्क या शरीर की आवश्यकता की पूर्ति करती है, तो वह उसके लिए क्या है?
(अ) उपयोगी (ब) अनुपयोगी
(स) निर्धारित नहीं किया जा सकता (द) तटस्थ

53. मार्शल, पीगू आदि अर्थशास्त्रियों ने उपयोगिता को मापने का पैमाना किसे माना था?
(अ) वस्तु से प्राप्त होनेवाले लाभ को
(ब) वस्तु के उपभोग से प्राप्त होनेवाली संतुष्टि को
(स) वस्तु पर व्यय की जानेवाली मुद्रा को
(द) उन्होंने उपयोगिता को अमापनीय माना

54. व्यक्ति के द्वारा किसी वस्तु पर व्यय की गई मुद्रा की मात्रा ही उसकी उपयोगिता का माप है—उपयोगिता के माप का यह दृष्टिकोण क्या कहलाता है?
(अ) क्रमवाचक दृष्टिकोण (ब) गणनावाचक दृष्टिकोण
(स) मुद्रावाचक दृष्टिकोण (द) आर्थिक दृष्टिकोण

55. कार की उपयोगिता अधिक होने के कारण उसका मूल्य अधिक व साइकिल की उपयोगिता कम होने के कारण उसका मूल्य कम होता है। इस कारण किसी वस्तु पर खर्च की गई मुद्रा की मात्रा ही उसकी उपयोगिता है—यह कौन सा दृष्टिकोण है?
(अ) गणनावाचक (ब) क्रमवाचक
(स) मुद्रावाचक (द) उपयोगितावाचक

56. उपयोगिता को न तो मापा जा सकता है, न ही संख्या प्रदान की जा सकती

उत्तर के लिए कृपया पृष्ठ सं. 162 देखें।

है—यह कौन सा दृष्टिकोण है?

(अ) गणनावाचक (ब) क्रमवाचक

(स) मुद्रावाचक (द) उपयोगितावाचक

57. उपयोगिता के क्रमवाचक दृष्टिकोण के समर्थक अर्थशास्त्रियों में निम्नलिखित में से कौन सम्मिलित नहीं है?

(अ) एफ.वाई. एजवर्थ (ब) जॉन आर. हिक्स

(स) प्रो. जेवेंस (द) आर.जी.डी. ऐलन

58. आवश्यकता पूर्ति की प्रक्रिया में किसी वस्तु का समाप्त हो जाने को अर्थशास्त्र में क्या कहा जाता है?

(अ) उपभोग (ब) उपयोग

(स) भोग (द) आवश्यकता पूर्ति

59. किसी वस्तु की विभिन्न इकाइयों से प्राप्त उपयोगिता के योग को क्या कहा जाता है?

(अ) सीमांत उपयोगिता (ब) औसत उपयोगिता

(स) कुल उपयोगिता (द) सम-सीमांत उपयोगिता

60. किसी वस्तु की एक अतिरिक्त इकाई का प्रयोग करने से उसकी कुल उपयोगिता में होनेवाली वृद्धि को क्या कहा जाता है?

(अ) सीमांत उपयोगिता (ब) कुल उपयोगिता

(स) औसत उपयोगिता (द) सम-सीमांत उपयोगिता

61. यदि किसी वस्तु की एक अतिरिक्त इकाई का प्रयोग करने से कुल उपयोगिता बढ़ती है, तो सीमांत उपयोगिता क्या होगी?

(अ) शून्य (ब) ऋणात्मक

(स) धनात्मक (द) निर्धारित नहीं किया जा सकता

62. किसी वस्तु की कुल उपयोगिता अधिकतम होने की स्थिति में सीमांत उपयोगिता कैसी होती है?

(अ) शून्य (ब) धनात्मक

(स) ऋणात्मक (द) अधिकतम

63. एक व्यक्ति के द्वारा रोटी की अतिरिक्त इकाई का उपभोग करने पर बीमार होने की संभावना रहती है। उस रोटी की सीमांत उपयोगिता क्या होगी?

उत्तर के लिए कृपया पृष्ठ सं. 162 देखें।

(अ) शून्य (ब) धनात्मक

(स) ऋणात्मक (द) निर्धारित नहीं की जा सकती

64. बहुत अधिक उपयोगी होते हुए भी पानी का मूल्य कम होने का कारण क्या है ?

(अ) कुल उपयोगिता का कम होना

(ब) सीमांत उपयोगिता का कम होना

(स) सीमांत उपयोगिता का अधिक होना

(द) कुल उपयोगिता का अधिक होना

65. हीरा बहुत अधिक उपयोगी पदार्थ नहीं होता, फिर भी उसका मूल्य अधिक क्यों होता है ?

(अ) हीरे की सीमांत उपयोगिता अधिक होती है

(ब) हीरे की सीमांत उपयोगिता कम होती है

(स) हीरे की कुल उपयोगिता अधिक होती है

(द) हीरे की कुल उपयोगिता कम होती है

66. किसी वस्तु के मूल्य-निर्धारण का आधार क्या होता है ?

(अ) औसत उपयोगिता (ब) सीमांत उपयोगिता

(स) कुल उपयोगिता (द) सामान्य उपयोगिता

67. हमारे पास किसी वस्तु की इकाइयों की संख्या जैसे-जैसे बढ़ती जाती है, वैसे-वैसे उसकी सीमांत उपयोगिता कैसी होती है ?

(अ) बढ़ती है (ब) घटती है

(स) समान रहती है (द) पहले घटती है फिर बढ़ती है

68. उपभोक्ता अपने बजट में अनेक वस्तुओं को क्यों शामिल करता है ?

(अ) सीमांत उपयोगिता ह्रास नियम लागू होने के कारण

(ब) रुचि के कारण

(स) आवश्यकता की असीमितता के कारण

(द) अनेक वस्तुओं की उपलब्धता के कारण

69. सीमांत उपयोगिता ह्रास नियम का प्रतिपादन सर्वप्रथम किसके द्वारा किया गया था ?

(अ) एल्फ्रेड मार्शल (ब) के.ई. बोल्डिंग

(स) ए. कोटसोयनिस (द) एच.एच. गौसेन

उत्तर के लिए कृपया पृष्ठ सं. 162 देखें।

70. सीमांत उपयोगिता ह्रास नियम के लागू होने के कारणों में निम्नलिखित में से कौन सा सम्मिलित नहीं है?

(अ) आवश्यकता विशेष की ही संतुष्टि संभव

(ब) वस्तुओं की अपूर्ण स्थानापन्नता

(स) वस्तु की असीमित मात्रा में उपलब्धता

(द) इनमें से कोई नहीं

71. उपभोक्ता को अपनी आय को इस प्रकार से खर्च करना चाहिए कि सभी मदों की अंतिम इकाई से प्राप्त सीमांत उपयोगिताएँ बराबर हों—यह कौन सा नियम है?

(अ) सीमांत उपयोगिता ह्रास नियम

(ब) सम-सीमांत उपयोगिता नियम

(स) माँग का नियम

(द) उपभोग का नियम

72. सम-सीमांत उपयोगिता नियम के अंतर्गत दो वस्तुओं की सीमांत उपयोगिता (MU) व कीमत (P) का अनुपात क्या होता है?

(अ) $\frac{MUx}{Px} > \frac{MUy}{Py}$ (ब) $\frac{MUx}{Px} = \frac{MUy}{Py}$

(स) $\frac{MUx}{Px} \ngtr \frac{MUy}{Py}$ (द) $\frac{MUx}{Px} < \frac{MUy}{Py}$

73. उपभोक्ता किसी वस्तु से वंचित रहने की अपेक्षा उसका जो मूल्य देना चाहता है और वास्तव में जो देता है, उसका अंतर क्या कहलाता है?

(अ) बचत (ब) उपभोक्ता का लाभ

(स) उपभोक्ता की बचत (द) उपभोक्ता की हानि

74. उपभोक्ता की बचत के रेखाचित्र एवं गणितीय ढंग से स्पष्ट करने का प्रयास सर्वप्रथम किसके द्वारा किया गया?

(अ) ड्यूपिट (ब) प्रो. जेवंस

(स) प्रो. हिक्स (द) प्रो. मार्शल

75. उपभोक्ता की बचत क्या है?

(अ) उपभोक्ता जो भुगतान करने के लिए तैयार होता है तथा वास्तव में जो

उत्तर के लिए कृपया पृष्ठ सं. 162 देखें।

भुगतान करता है उसका योग—

(ब) कुल उपयोगिता – कीमत × खरीदी गई इकाइयाँ

(स) कुल उपयोगिता + कुल किया गया त्याग

(द) कुल उपयोगिता + कीमत × खरीदी गई इकाइयाँ

76. उपभोक्ता की बचत होने के कारणों में क्या सम्मिलित नहीं है?

(अ) सीमांत उपयोगिता ह्रास नियम लागू होना

(ब) बाजार में एक समय में वस्तु का एक ही मूल्य होना

(स) बाजार में वस्तु का मूल्य सीमांत इकाई की सीमांत उपयोगिता के बराबर होना

(द) द्रव्य की सीमांत उपयोगिता का स्थिर नहीं रहना

77. 'उपभोक्ता की बचत' अवधारणा की पुनर्व्याख्या किसने की थी?

(अ) आर.जे.डी. ऐलन (ब) प्रो. जे.आर. हिक्स

(स) हैंडरसन (द) जे.एम. कीन्स

78. वित्त मंत्री को कर लगाते समय उपभोक्ता की बचत के आधार पर किन उद्योगों पर कर लगाना चाहिए?

(अ) समता-लागत उद्योग (ब) लागत-वृद्धि उद्योग

(स) लागत-ह्रास उद्योग (द) समता व ह्रास मान लागत उद्योग

79. उपभोक्ता की बचत के आधार पर सरकार को किस प्रकार के उद्योगों को अनुदान देना चाहिए?

(अ) समता-लागत उद्योग (ब) वृद्धिमान लागत उद्योग

(स) ह्रासमान लागत उद्योग (द) निर्यातोन्मुख उद्योग

80. एक उत्पादनकर्ता की बचत बराबर होती है—

(अ) औसत आय-सीमांत लागत (ब) औसत लागत-सीमांत आय

(स) औसत आय-सीमांत आय (द) औसत आय-कुल आय

तटस्थता वक्र विश्लेषण

81. वह वक्र, जिसके प्रत्येक बिंदु पर उपभोक्ता को दो वस्तुओं के संयोग से समान संतुष्टि प्राप्त होती है, क्या कहलाता है?

(अ) माँग वक्र (ब) तटस्थता वक्र

उत्तर के लिए कृपया पृष्ठ सं. 162-163 देखें।

(स) पूर्ति वक्र (द) समोत्पाद वक्र

82. तटस्थता वक्र का ढाल कैसा होता है ?

(अ) धनात्मक (ब) ऋणात्मक

(स) शून्य (द) क्षैतिज

83. दो वस्तुओं के संयोग के लिए एक ही चित्र में प्रदर्शित कई तटस्थता वक्रों को क्या कहा जाता है ?

(अ) तटस्थता मानचित्र (ब) तटस्थता वक्र

(स) उदासीनता वक्र (द) समान संतुष्टि वक्र

84. तटस्थता वक्र को उदासीनता वक्र भी क्यों कहा जाता है ?

(अ) अर्थशास्त्रियों के द्वारा दिया गया नाम है

(ब) प्रत्येक बिंदु पर समान संतुष्टि मिलने के कारण उपभोक्ता किसी संयोग के प्रति उदासीन रहता है

(स) उपभोक्ता को संयोगों पर मिलनेवाली संतुष्टि की जानकारी न होने के कारण उदासीन रहता है

(द) केवल दो ही वस्तुओं के संयोग को दरशाने के कारण

85. तटस्थता वक्र मूल बिंदु के प्रति कैसे होते हैं ?

(अ) नतोदर (ब) समानांतर

(स) उन्नतोदर (द) लंबवत्

86. एक ऊँचा तटस्थता वक्र निचले की तुलना में क्या दरशाता है ?

(अ) कम संतुष्टि (ब) अधिक संतुष्टि

(स) समान संतुष्टि (द) असमान संतुष्टि

87. दो वस्तुओं के विभिन्न संयोगों के लिए कितने तटस्थता वक्र हो सकते हैं ?

(अ) 2 (ब) 5

(स) 10 (द) ∞

88. किसी वस्तु के स्थान पर काम आनेवाली दूसरी वस्तु को क्या कहते हैं ?

(अ) पूरक वस्तु (ब) स्थानापन्न वस्तु

(स) सामान्य वस्तु (द) हीन वस्तु

89. निम्नलिखित में से चाय की स्थानापन्न वस्तु कौन सी है ?

(अ) स्कूटर (ब) गेहूँ

उत्तर के लिए कृपया पृष्ठ सं. 163 देखें।

(स) कलम (द) कॉफी

90. दो वस्तुएँ इस प्रकार की हों कि एक को खरीदने पर दूसरे को भी खरीदना आवश्यक हो, तो उन वस्तुओं को क्या कहा जाता है?

(अ) पूरक (ब) स्थानापन्न

(स) स्वतंत्र (द) सामान्य

91. निम्नलिखित में से पूरक वस्तुओं का उदाहरण कौन सा है?

(अ) कलम-किताब (ब) चाय-कॉफी

(स) कार-पेट्रोल (द) स्कूटर-घर

92. यदि दो वस्तुएँ पूर्ण स्थानापन्न हों तो उनके तटस्थता वक्र का आकार कैसा होता है?

(अ) अंग्रेजी अक्षर एल के आकार का (90° का कोण बनाता हुआ)

(ब) 45° का कोण बनाती हुई एक सीधी रेखा

(स) मूल बिंदु के उन्नतोदर वक्र

(द) चूड़ियों के आकार का गोल वक्र

93. यदि वस्तुएँ पूर्ण पूरक हैं तो तटस्थता वक्र का आकार कैसा होगा?

(अ) अंग्रेजी अक्षर एल के आकार का (90° का कोण बनाता हुआ)

(ब) 45° की एक सीधी रेखा

(स) मूल बिंदु के प्रति उन्नतोदर वक्र

(द) मूल बिंदु के प्रति नतोदर वक्र

94. निम्नलिखित में से स्थानापन्न वस्तुएँ कौन सी हैं?

(अ) कलम-स्याही (ब) कार-पेट्रोल

(स) कलम-पेंसिल (द) स्कूटर-मकान

95. उपभोक्ता अपनी संपूर्ण आय से दो वस्तुओं की अधिकतम जितनी-जितनी मात्रा खरीद सकता है, उसे दरशानेवाली रेखा को क्या कहा जाता है?

(अ) आय-रेखा (ब) उपभोग-रेखा

(स) योजना-रेखा (द) बजट-रेखा

96. यदि उपभोक्ता की आय में वृद्धि हो जाती है तो बजट-रेखा में कैसा विवर्तन होता है?

(अ) नीचे की ओर (ब) ऊपर की ओर

उत्तर के लिए कृपया पृष्ठ सं. 163 देखें।

(स) अपरिवर्तित रहेगी (द) x अक्ष के समांतर

97. तटस्थता वक्र के किस बिंदु पर उपभोक्ता की संतुष्टि अधिकतम होती है?
(अ) जहाँ यह बजट-रेखा को काटता है
(ब) जहाँ यह बजट-रेखा को स्पर्श करता है
(स) जहाँ यह बजट-रेखा से ऊपर हो
(द) जहाँ यह बजट-रेखा से नीचे हो

98. बजट-रेखा का स्पर्श करनेवाले बिंदु पर तटस्थता वक्र का आकार मूल बिंदु के प्रति कैसा होता है?
(अ) उन्नतोदर (ब) समांतर
(स) नतोदर (द) लंबवत्

99. वस्तु की कीमत में होनेवाले परिवर्तनों के फलस्वरूप माँग पर पड़नेवाले प्रभावों को क्या कहा जाता है?
(अ) कीमत-प्रभाव (ब) माँग-प्रभाव
(स) आय-प्रभाव (द) प्रतिस्थापन-प्रभाव

100. सामान्य वस्तु का कीमत-प्रभाव कैसा होता है?
(अ) धनात्मक (ब) ऋणात्मक
(स) शून्य (द) अनंत

101. उपभोक्ता की आय में परिवर्तन से माँग में जो परिवर्तन होता है, उसे क्या कहा जाता है?
(अ) माँग-प्रभाव (ब) आय-प्रभाव
(स) कीमत-प्रभाव (द) प्रतिस्थापन-प्रभाव

102. उपभोक्ता की आय बढ़ने पर सामान्य वस्तु की माँग क्या होगी?
(अ) बढ़ेगी (ब) घटेगी
(स) अपरिवर्तित रहेगी (द) वस्तु पर निर्भर है

103. घटिया वस्तुओं का आय-प्रभाव कैसा होता है?
(अ) धनात्मक (ब) ऋणात्मक
(स) तटस्थ (द) लंबवत्

104. आय उपभोग वक्र की संज्ञा दी जाती है—
(अ) विभिन्न कीमतों पर माँगी जानेवाली मात्रा को दरशानेवाले वक्र को

उत्तर के लिए कृपया पृष्ठ सं. 163 देखें।

(ब) विभिन्न आय पर माँगी जानेवाली मात्रा को दरशानेवाले वक्र को
(स) बाजार माँग वक्र को
(द) व्यक्ति के उपभोग को दरशानेवाले वक्र को

105. एक वस्तु की कीमत में वृद्धि होने पर यदि उपभोक्ता उसपर व्यय की जा रही राशि से दूसरी वस्तु को खरीदने लगता है, तो उसे क्या कहा जाता है?
(अ) आय-प्रभाव (ब) कीमत-प्रभाव
(स) प्रतिस्थापन-प्रभाव (द) प्रदर्शन-प्रभाव

106. तटस्थता वक्र पर उपभोक्ता के साम्य की आवश्यक शर्तों में निम्नलिखित में से कौन सी सम्मिलित नहीं है?
(अ) तटस्थता वक्र बजट रेखा का स्पर्श करे
(ब) तटस्थता वक्र उत्पादन संभावना वक्र को स्पर्श करे
(स) तटस्थता वक्र मूल बिंदु के प्रति उन्नतोदर हो
(द) स्पर्श बिंदु पर तटस्थता वक्र व बजट रेखा का ढाल बराबर हो

माँग, पूर्ति व उनकी लोच

107. किसी वस्तु की आवश्यकता होने के लिए आवश्यक तत्त्वों में क्या सम्मिलित नहीं है?
(अ) वस्तु को प्राप्त करने की इच्छा
(ब) इच्छापूर्ति हेतु साधन
(स) साधनों को व्यय करने का साहस
(द) निश्चित कीमत व समय

108. किसी वस्तु की माँग में कितने तत्त्वों का समावेश होता है?
(अ) तीन (ब) चार
(स) पाँच (द) सात

109. किसी वस्तु की माँग का आवश्यक तत्त्व कौन सा है?
(अ) आवश्यकता या प्रभावपूर्ण इच्छा
(ब) निश्चित कीमत व समय
(स) (अ) व (ब) दोनों
(द) सरकारी आदेश

उत्तर के लिए कृपया पृष्ठ सं. 163 देखें।

110. सामान्य रूप से माँग कितने प्रकार की होती है?

(अ) तीन (ब) चार

(स) पाँच (द) छह

111. किसी वस्तु की विभिन्न कीमतों पर माँगी जानेवाली मात्रा को क्या कहा जाता है?

(अ) आय-माँग (ब) कीमत-माँग

(स) आड़ी माँग (द) तिरछी माँग

112. किसी वस्तु की वे मात्राएँ, जो विभिन्न आय-स्तरों पर खरीदी जाती हैं, क्या कहलाती हैं?

(अ) कीमत-माँग (ब) आड़ी या तिरछी माँग

(स) आय-माँग (द) प्रतिस्थापन-माँग

113. आड़ी या तिरछी माँग में क्या सम्मिलित किया जाता है?

(अ) प्रतिस्थापन वस्तु (ब) पूरक वस्तुएँ

(स) प्रतिस्थापन व पूरक दोनों (द) सामान्य वस्तुएँ

114. प्रतिस्थापन वस्तुओं के माँग-वक्र का ढाल कैसा होता है?

(अ) धनात्मक (ब) ऋणात्मक

(स) क्षैतिज (द) लंबवत्

115. साधारण माँग वक्र का ढाल कैसा होता है?

(अ) धनात्मक (ब) ऋणात्मक

(स) क्षैतिज (द) लंबवत्

116. उपभोक्ता की आय बढ़ने के साथ घटिया वस्तुओं की माँग-मात्रा क्या होती है?

(अ) बढ़ती है (ब) घटती है

(स) यथावत रहती है (द) कभी घटती है, कभी बढ़ती है

117. यदि कार की कीमत में वृद्धि होती है तो पेट्रोल की माँग कैसी रहेगी?

(अ) घटेगी (ब) बढ़ेगी

(स) अपरिवर्तित रहेगी (द) दोनों में कोई संबंध नहीं

118. यदि किसी समय चावल की कीमत में तेजी से वृद्धि हो जाए, तो गेहूँ की माँग पर कैसा प्रभाव पड़ेगा?

उत्तर के लिए कृपया पृष्ठ सं. 163 देखें।

(अ) धनात्मक (ब) ऋणात्मक

(स) अप्रभावित रहेगी (द) तटस्थ

119. जब दो या दो से अधिक वस्तुओं की माँग एक साथ की जाती है तो उसे क्या कहा जाता है?

(अ) सामूहिक माँग (ब) व्युत्पन्न माँग

(स) संयुक्त माँग (द) आय माँग

120. निम्नलिखित में से कौन सी संयुक्त माँग है?

(अ) स्लाइस ब्रेड (ब) चाकलेट

(स) पेंसिल (द) कार

121. जब एक वस्तु की माँग से दूसरी वस्तु की माँग का जन्म होता है, तो ऐसी माँग को क्या कहा जाता है?

(अ) संयुक्त माँग (ब) व्युत्पन्न माँग

(स) सामूहिक माँग (द) कीमत माँग

122. जब किसी ऐसी वस्तु की माँग हो, जिसके अनेक उपयोग हों, तो उस माँग को क्या कहा जाता है?

(अ) संयुक्त माँग (ब) व्युत्पन्न माँग

(स) सामूहिक माँग (द) तिरछी माँग

123. निम्नलिखित में से किसकी माँग सामूहिक माँग नहीं है?

(अ) बिजली (ब) चने की दाल

(स) चाय (द) मुद्रा

124. उपभोक्ता द्वारा विभिन्न कीमतों पर माँगी जानेवाली मात्राओं को दरशानेवाली सूची को क्या कहा जाता है?

(अ) माँग-अनुसूची (ब) माँग-तालिका

(स) माँग-सारणी (द) उपर्युक्त सभी

125. माँग का नियम क्या बतलाता है?

(अ) कीमत व माँग-मात्रा के संबंध को

(ब) आय व माँग-मात्रा के संबंध को

(स) कीमत व आय के आपसी संबंध को

(द) माँग-मात्रा व कीमत के माप को

उत्तर के लिए कृपया पृष्ठ सं. 163-164 देखें।

126. माँग वक्र का ढाल ऋणात्मक होने के कारणों में क्या सम्मिलित नहीं है?

(अ) सीमांत उपयोगिता का गिरता हुआ होना

(ब) प्रतिस्थापन प्रभाव व आय-प्रभाव

(स) मूल्य घटने के कारण नए क्रेताओं का आकर्षित होना

(द) विभिन्न विक्रेताओं के मध्य प्रतियोगिता

127. किन परिस्थितियों में माँग का नियम लागू नहीं होता है?

(अ) भविष्य में वस्तु के मूल्य में और कमी की संभावना

(ब) दुर्लभ, मूल्यवान् व प्रतिष्ठासूचक वस्तुओं की माँग

(स) जीवन की अनिवार्य वस्तुओं की माँग

(द) उपर्युक्त सभी

128. माँग में विस्तार एवं संकुचन किसके फलस्वरूप होता है?

(अ) आय में परिवर्तन

(ब) कीमतों में परिवर्तन

(स) रुचि, फैशन आदि में परिवर्तन

(द) पूरक व प्रतिस्थापन वस्तुओं की कीमतों में परिवर्तन

129. माँग में विस्तार कब होता है?

(अ) जब उसी कीमत पर माँग बढ़े

(ब) जब कीमत घटने पर माँग बढ़े

(स) जब वस्तु के प्रयोग में विस्तार हो

(द) जब जनसंख्या में वृद्धि हो

130. माँग में वृद्धि या कमी के लिए उत्तरदायी कारणों में निम्नलिखित में से कौन सा सम्मिलित नहीं है?

(अ) आय में परिवर्तन (ब) रुचि व फैशन में परिवर्तन

(स) कीमतों में परिवर्तन (द) जलवायु व मौसम में परिवर्तन

131. निम्नलिखित में से माँग-फलन कौन सा है?

(अ) $D = f(s)$ (ब) $P = f(D)$

(स) $D = f(I)$ (द) $D = f(p)$

(D = माँग, P2 = कीमत, S = बचत, I = निवेश)

132. कीमत प्रभाव होता है—

उत्तर के लिए कृपया पृष्ठ सं. 164 देखें।

(अ) कीमत प्रभाव = प्रतिस्थापन प्रभाव + आय प्रभाव
(ब) कीमत प्रभाव = प्रतिस्थापन प्रभाव - आय प्रभाव
(स) कीमत प्रभाव = प्रतिस्थापन प्रभाव × आय प्रभाव
(द) कीमत प्रभाव = प्रतिस्थापन प्रभाव ÷ आय प्रभाव

133. माँग की लोच माँग का कैसा माप है?
(अ) गुणात्मक (ब) सामान्य
(स) परिमाणात्मक (द) विशिष्ट

134. कीमत में होनेवाले परिवर्तनों के फलस्वरूप माँगी जानेवाली मात्रा में होनेवाले परिवर्तन के माप को क्या कहा जाता है?
(अ) कीमत का माप (ब) माँग का माप
(स) माँग की कीमत-लोच (द) आय का माप

135. माँग की कीमत लोच को मापने का सूत्र क्या है?
(अ) $\frac{\text{माँग में आनुपातिक परिवर्तन}}{\text{कीमत में आनुपातिक परिवर्तन}}$
(ब) $\frac{\text{कीमत में आनुपातिक परिवर्तन}}{\text{माँग में आनुपातिक परिवर्तन}}$
(स) $\frac{\text{माँग में आनुपातिक परिवर्तन}}{\text{आय में आनुपातिक परिवर्तन}}$
(द) $\frac{\text{आय में आनुपातिक परिवर्तन}}{\text{माँग में आनुपातिक परिवर्तन}}$

136. आय में होनेवाले परिवर्तन के फलस्वरूप माँगी जानेवाली मात्रा में परिवर्तन के माप को क्या कहा जाता है?
(अ) माँग की कीमत-लोच (ब) माँग की आय-लोच
(स) माँग की तिरछी लोच (द) माँग की आड़ी लोच

137. किसी वस्तु की कीमत में परिवर्तन होने पर भी माँगी जानेवाली मात्रा यदि अपरिवर्तित रहती है, तो माँग की लोच कैसी होगी?
(अ) पूर्ण लोचदार (ब) लोचदार
(स) पूर्ण बेलोचदार (द) बेलोचदार

138. निम्नलिखित में से बेलोचदार माँग की लोचवाली वस्तु कौन सी है?

उत्तर के लिए कृपया पृष्ठ सं. 164 देखें।

(अ) चीनी (ब) नमक
(स) चॉकलेट (द) पेट्रोल

139. जब वस्तु की कीमत में कमी न होने पर भी माँगी जानेवाली मात्रा बढ़ती है, तो माँग की लोच कैसी होती है?

(अ) पूर्ण लोचदार (ब) लोचदार
(स) पूर्ण बेलोचदार (द) बेलोचंदार

140. जब जिस अनुपात में वस्तु की कीमत घटती है उसी अनुपात में माँग बढ़ती है, तो माँग की लोच होगी—

(अ) पूर्ण लोचदार (ब) लोचदार
(स) पूर्ण बेलोचदार (द) बेलोचदार

141. निम्नलिखित में से किस वस्तु की माँग लोचदार होती है?

(अ) नमक (ब) दियासलाई
(स) फल (द) दवाइयाँ

142. एक अनपढ़ व्यक्ति के लिए निम्नलिखित में से किस वस्तु की माँग की लोच शून्य होगी?

(अ) रेडियो (ब) समाचार-पत्र
(स) टेलीविजन (द) टेलीफोन

143. निम्नलिखित में से किस वस्तु की माँग कीमत में होनेवाले परिवर्तनों से सर्वाधिक प्रभावित होती है?

(अ) नमक (ब) पेयजल
(स) दवाइयाँ (द) फल

144. किसी वस्तु की कीमत बढ़ने के फलस्वरूप यदि उपभोक्ता को मजबूरी-वश अधिक खर्च करना पड़े, तो माँग की लोच कैसी होगी?

(अ) लोचदार (ब) बेलोचदार
(स) अधिक लोचदार (द) पूर्ण लोचदार

145. किसी वस्तु की कीमत घटने पर उपभोक्ता यदि अपना व्यय उस वस्तु पर बढ़ा देता है तो माँग की लोच कैसी होगी?

(अ) लोचदार (ब) बेलोचदार
(स) पूर्ण लोचदार (द) अधिक लोचदार

उत्तर के लिए कृपया पृष्ठ सं. 164 देखें।

146. वस्तु की कीमत में परिवर्तन होने पर भी यदि कुल व्यय समान रहता है, तो माँग की लोच कैसी होगी?

(अ) लोचदार (ब) बेलोचदार

(स) पूर्ण बेलोचदार (द) अधिक लोचदार

147. उपभोक्ता की आय में वृद्धि होने पर यदि वह बाजरे पर किया जानेवाला व्यय कम कर देता है, तो बाजरा कौन सा पदार्थ है?

(अ) श्रेष्ठ (ब) घटिया या हीन

(स) सामान्य (द) ज्ञात नहीं किया जा सकता

148. पूर्ण बेलोचदार माँग की स्थिति में माँग वक्र की आकृति कैसी होती है?

(अ) धनात्मक (ब) ऋणात्मक

(स) लंबवत् (द) क्षैतिज

149. पूर्ण लोचदार माँग की स्थिति में माँग वक्र की आकृति कैसी होती है?

(अ) लंबवत् (ब) क्षैतिज

(स) धनात्मक (द) ऋणात्मक

150. माँग की बिंदु लोच की गणना का सूत्र क्या है?

(अ) $\dfrac{\text{बिंदु का निचला भाग}}{\text{बिंदु का ऊपरी भाग}}$

(ब) $\dfrac{\text{बिंदु का ऊपरी भाग}}{\text{बिंदु का निचला भाग}}$

(स) बिंदु का ऊपरी भाग × बिंदु का निचला भाग

(द) बिंदु का ऊपरी भाग + बिंदु का निचला भाग

151. यदि बिंदु का निचला भाग ऊपरी भाग से अधिक हो तो माँग की लोच का मान क्या होगा?

(अ) $e = 1$ (ब) $e > 1$

(स) $e < 1$ (द) $e = \infty$

152. अवकलन विधि से माँग की लोच ज्ञात करने का सूत्र क्या है?

(अ) $e = \frac{P}{x} \cdot \frac{dp}{dx}$ (ब) $e = \frac{x}{P} \cdot \frac{dp}{dx}$

(स) $e = \frac{P}{x} \cdot \frac{dx}{dp}$ (द) $e = \frac{x}{P} \cdot \frac{dx}{dp}$

उत्तर के लिए कृपया पृष्ठ सं. 164 देखें।

153. आय में बहुत अधिक वृद्धि होने पर भी माँगी जानेवाली मात्रा यदि अपरिवर्तित रहती है, तो आय की लोच कैसी होगी?

(अ) अधिक लोचदार (ब) पूर्ण लोचदार
(स) पूर्ण बेलोचदार (द) बेलोचदार

154. पूरक वस्तुओं की माँग की तिरछी लोच कैसी होती है?

(अ) धनात्मक (ब) ऋणात्मक
(स) शून्य (द) अनंत

155. किसी निश्चित कीमत पर विक्रेता के द्वारा बेचने हेतु तैयार मात्रा क्या कहलाती है?

(अ) पूर्ति (ब) बाजार-माँग
(स) पूर्ति की लोच (द) माँग की लोच

156. पूर्ति-वक्र का ढाल कैसा होता है?

(अ) ऋणात्मक (ब) क्षैतिज
(स) धनात्मक (द) लंबवत्

157. सामान्यतः यदि किसी वस्तु की कीमत में वृद्धि होती है तो उस वस्तु की पूर्ति पर कैसा प्रभाव पड़ेगा?

(अ) कमी होगी (ब) समान रहेगी
(स) वृद्धि होगी (द) वृद्धि या कमी होगी

158. शीघ्र नाशवान वस्तुओं की पूर्ति की लोच कैसी होती है?

(अ) लोचदार (ब) अधिक लोचदार
(स) पूर्ण बेलोचदार (द) बेलोचदार

159. निम्नलिखित में से किस वस्तु की पूर्ति बेलोचदार है?

(अ) गेहूँ (ब) मोटरसाइकिल
(स) मोनालिसा की पेंटिंग (द) फल

160. यदि कीमत में वृद्धि के फलस्वरूप पूर्ति की मात्रा में वृद्धि होती है तो इसे क्या कहा जाता है?

(अ) पूर्ति में वृद्धि (ब) पूर्ति का विस्तार
(स) वर्द्धमान पूर्ति (द) बाजार पूर्ति

161. जिस वस्तु की कीमत में बहुत वृद्धि होने पर भी पूर्ति पूर्ववत् रहती है, वह

उत्तर के लिए कृपया पृष्ठ सं. 164 देखें।

कैसी होगी?

(अ) लोचदार (ब) पूर्ण बेलोचदार

(स) बेलोचदार (द) अधिक लोचदार

162. यदि पूर्ति-वक्र को आगे बढ़ाने पर यह y-अक्ष का स्पर्श करता है, तो पूर्ति की लोच कैसी होगी?

(अ) पूर्ण लोचदार (ब) अधिक लोचदार

(स) लोचदार (द) बेलोचदार

163. दीर्घकाल में किसी वस्तु की कीमत निर्धारण में किसकी भूमिका महत्त्वपूर्ण होती है?

(अ) माँग (ब) सरकारी नीति

(स) वस्तु की प्रकृति (द) पूर्ति

164. पूर्ति की लोच की गणना करने का सूत्र क्या है?

(अ) पूर्ति में आनुपातिक परिवर्तन ÷ कीमत में आनुपातिक परिवर्तन

(ब) पूर्ति में आनुपातिक परिवर्तन + कीमत में आनुपातिक परिवर्तन

(स) पूर्ति में आनुपातिक परिवर्तन – कीमत में आनुपातिक परिवर्तन

(द) पूर्ति में आनुपातिक परिवर्तन × कीमत में आनुपातिक परिवर्तन

165. यदि पूर्ति-वक्र को आगे बढ़ाने पर यह मूल बिंदु से गुजरता है तो पूर्ति की लोच होगी—

(अ) $es > 1$ (ब) $es < 1$

(स) $es = 0$ (द) $es = 1$

166. यदि पूर्ति-वक्र के किसी बिंदु पर खींची गई स्पर्श रेखा x अक्ष के साथ न्यून कोण बनाती है, तो पूर्ति की लोच होगी—

(अ) $es = 1$ (ब) $es < 1$

(स) $es > 1$ (द) $es = \infty$

167. पूर्ति की लोच की श्रेणियों की संख्या कितनी है?

(अ) दो (ब) तीन

(स) चार (द) पाँच

168. कीमत के अतिरिक्त अन्य तत्त्वों से पूर्ति में होनेवाले परिवर्तनों को संज्ञा दी जाती है?

उत्तर के लिए कृपया पृष्ठ सं. 164-165 देखें।

(अ) पूर्ति में फैलाव व संकुचन (ब) पूर्ति में वृद्धि व कमी
(स) पूर्ति में परिवर्तन (द) कीमत विभेद पूर्ति

उत्पादन एवं उसके सिद्धांत

169. अर्थशास्त्र में 'उत्पादन' से क्या तात्पर्य होता है?
(अ) किसी वस्तु का निर्माण करना
(ब) किसी वस्तु को जमीन से निकालना
(स) किसी वस्तु की उपयोगिता को बढ़ाना
(द) किसी वस्तु की कृषि करना

170. मिट्टी का घड़ा एक उत्पादन क्यों है?
(अ) क्योंकि कुम्हार ने मिट्टी बनाई है
(ब) क्योंकि कुम्हार ने मिट्टी की उपयोगिता को बढ़ाया है
(स) क्योंकि कुम्हार ने मिट्टी का आविष्कार किया है
(द) क्योंकि कुम्हार के बिना घड़ा नहीं बनता है

171. उत्पादन कैसा हो सकता है?
(अ) भौतिक
(ब) अभौतिक
(स) भौतिक तथा अभौतिक—दोनों
(द) रासायनिक

172. ऐसा उत्पादन जिसे आँखों से देखा जा सकता है, क्या कहलाता है?
(अ) रासायनिक उत्पादन (ब) जैविक उत्पादन
(स) अभौतिक उत्पादन (द) भौतिक उत्पादन

173. निम्नलिखित में से कौन सा अभौतिक उत्पादन का उदाहरण है?
(अ) मिट्टी से घड़े का निर्माण करना
(ब) कृषि से गेहूँ का उत्पादन करना
(स) शिक्षा से व्यक्तित्व का निर्माण करना
(द) पत्थर से मूर्ति बनाना

174. उत्पादन की प्रक्रिया में भाग लेनेवाले साधनों को उत्पादन के साधनों की संज्ञा दी जाती है। निम्नलिखित में से कौन सा उत्पादन का साधन नहीं है?

उत्तर के लिए कृपया पृष्ठ सं. 165 देखें।

(अ) भूमि एवं भवन

(ब) पूँजी एवं श्रम

(स) प्रबंध एवं साहस

(द) उपर्युक्त सभी उत्पादन के साधन हैं

175. उत्पादन के साधन के प्रतिफल के रूप में श्रम का जो भुगतान किया जाता है, उसे क्या कहा जाता है?

(अ) वेतन (ब) लगान

(स) मजदूरी (द) लाभ

176. निम्नलिखित में से कौन सा अनमेल है?

(अ) श्रम—मजदूरी (ब) प्रबंधक—वेतन

(स) पूँजीपति—लाभ (द) भूमिपति—लगान

177. उत्पादन के साधन के रूप में लाभ का भुगतान किया जाता है—

(अ) भूमिपति को (ब) साहसी को

(स) प्रबंधक को (द) पूँजीपति को

178. अल्पकाल में उत्पादन के अन्य साधनों को स्थिर करके एक साधन में परिवर्तन करने से उत्पादन की मात्रा में जो परिवर्तन होता है, उसका अध्ययन किस रूप में किया जाता है?

(अ) उत्पादन के सिद्धांत में (ब) समोत्पाद वक्रों में

(स) उत्पत्ति के नियम में (द) पैमाने के प्रतिफलों में

179. अल्पकाल में जब जिस अनुपात में उत्पादन के किसी साधन में वृद्धि की जाती है, उससे अधिक अनुपात में उत्पादन बढ़ता है तो इसका अध्ययन किस नियम के अंतर्गत किया जाता है?

(अ) उत्पत्ति-समता नियम (ब) उत्पत्ति-ह्रास नियम

(स) उत्पत्ति-वृद्धि नियम (द) परिवर्तनशील अनुपातों के नियम

180. जब साधन में परिवर्तन के अनुपात में ही उत्पादन की मात्रा में परिवर्तन होता है, तो उत्पादन किसके अंतर्गत होता है?

(अ) उत्पत्ति-वृद्धि नियम के अंतर्गत

(ब) उत्पत्ति-समता नियम के अंतर्गत

(स) उत्पत्ति-ह्रास नियम के अंतर्गत

उत्तर के लिए कृपया पृष्ठ सं. 165 देखें।

(द) परिवर्तनशील अनुपातों के नियम के अंतर्गत

181. जब उत्पत्ति वृद्धि नियम के अंतर्गत उत्पादन होता है तो लागत कैसी होती है?

(अ) वर्द्धमान (ब) समता मान

(स) ह्रासमान (द) पहले वर्द्धमान फिर ह्रासमान

182. जब उत्पादन लागत बढ़ रही हो तो उत्पादन किस नियम के अंतर्गत होता है?

(अ) उत्पत्ति-ह्रास नियम के अंतर्गत

(ब) उत्पत्ति-वृद्धि नियम के अंतर्गत

(स) उत्पत्ति-समता नियम के अंतर्गत

(द) परिवर्तनशील अनुपातों के नियम के अंतर्गत

183. उत्पत्ति-ह्रास नियम को इनमें से किस नाम से नहीं जाना जाता है?

(अ) परिवर्तनशील अनुपातों का नियम

(ब) सीमांत उत्पादकता ह्रास नियम

(स) ह्रासमान प्रतिफलों का नियम

(द) लागत ह्रास नियम

184. जब सीमांत उत्पादन शून्य होता है तब कुल उत्पादन कैसा होता है?

(अ) न्यूनतम (ब) अधिकतम

(स) शून्य (द) ऋणात्मक

185. एक उत्पादक उत्पादन की किस अवस्था में उत्पादन करना चाहता है?

(अ) प्रथम अवस्था (ब) द्वितीय अवस्था

(स) तृतीय अवस्था (द) चतुर्थ अवस्था

186. उत्पादन की द्वितीय अवस्था कब प्रारंभ होती है?

(अ) AP > MP (ब) AP < MP

(स) AP = MP (द) MP = 0

(AP = औसत उत्पादन, MP = सीमांत उत्पादन)

187. एक उत्पादक के उत्पादन की द्वितीय अवस्था में ही उत्पादन करने के कारणों में निम्नलिखित में से कौन सा सम्मिलित नहीं है?

(अ) अपने लाभ को अधिकतम करने के लिए

(ब) अपनी लागत को न्यूनतम करने के लिए

उत्तर के लिए कृपया पृष्ठ सं. 165 देखें।

(स) अपने संभावित प्रतियोगियों को बाजार से बाहर करने के लिए
(द) अपने उत्पादन को अधिकतम करने के लिए

188. माल्थस के जनसंख्या सिद्धांत, रिकॉर्डो के लगान सिद्धांत आदि किस पर आधारित हैं?

(अ) उत्पत्ति-वृद्धि नियम (ब) उत्पत्ति-ह्रास नियम
(स) उत्पत्ति-समता नियम (द) लागत-ह्रास नियम

189. उत्पादन के दो परिवर्तनशील साधनों के फलस्वरूप उत्पादन में होनेवाले परिवर्तनों का अध्ययन किया जाता है—

(अ) समोत्पाद वक्र
(ब) पैमाने के प्रतिफलक
(स) परिवर्तनशील अनुपातों का नियम
(द) तटस्थता वक्र

190. समोत्पाद वक्र के प्रत्येक बिंदु पर उत्पादन की मात्रा कैसी होती है?

(अ) बिंदु पर निर्भर है (ब) समान
(स) असमान (द) ज्ञात नहीं किया जा सकता

191. एक समोत्पाद वक्र का ढाल कैसा होता है?

(अ) धनात्मक (ब) क्षैतिज
(स) ऋणात्मक (द) लंबवत्

192. यदि उत्पादन के दो साधनों के संयोगों के लिए कई समोत्पाद वक्रों को एक ही चित्र में प्रदर्शित किया जाए तो उसे क्या कहा जाता है?

(अ) सामूहिक समोत्पादक वक्र (ब) सम उत्पादन वक्र
(स) समोत्पाद मानचित्र (द) उत्पादन वक्र

193. निम्नलिखित में से कौन सा समोत्पाद वक्र का लक्षण नहीं है?

(अ) समोत्पाद वक्र किसी भी अक्ष को नहीं छूते हैं
(ब) समोत्पाद वक्र एक-दूसरे को नहीं काट सकते हैं
(स) समोत्पाद वक्र मूल बिंदु के प्रति उन्नतोदर होते हैं
(द) समोत्पाद वक्रों के मध्य हमेशा दूरियाँ समान होती हैं

194. यदि उत्पादन के दो साधन पूर्ण प्रतिस्थापन होती समोत्पाद वक्र का आकार होगा—

उत्तर के लिए कृपया पृष्ठ सं. 165 देखें।

(अ) 45° की एक सीधी रेखा

(ब) 90° के कोण की भाँति

(स) चूड़ियों की भाँति गोलाकार

(द) आयताकार अति परवलय की भाँति

195. एक ऊँचा समोत्पाद वक्र निचले वक्र की तुलना में कैसा उत्पादन बतलाता है?

(अ) कम (ब) अधिक

(स) समान (द) शून्य

196. समोत्पाद वक्रों पर रिज रेखाओं के माध्यम से क्या किया जाता है?

(अ) उत्पादन के आर्थिक क्षेत्र व अनार्थिक क्षेत्र का विभाजन

(ब) उत्पादक के संतुलन का अध्ययन

(स) समोत्पाद मानचित्र की रचना

(द) पैमाना-रेखा या विस्तार पथ का निर्धारण

197. उत्पादन के दो साधनों के विभिन्न संयोगों का वह बिंदु-पथ, जिसपर लागत समान रहती है, क्या कहलाता है?

(अ) लागत वक्र (ब) तटस्थता वक्र

(स) सम लागत वक्र (द) समोत्पाद वक्र

198. समोत्पाद वक्र पर एक उत्पादक का संतुलन उस बिंदु पर होता है, जहाँ यह बजट रेखा—

(अ) को काटता है (ब) का स्पर्श करता है

(स) से नीचे रहता है (द) से ऊपर होता है

199. यदि कुल द्रव्य-लागत में वृद्धि होती है तो सम लागत वक्र का विवर्तन किस ओर होगा?

(अ) नीचे की ओर (ब) ऊपर की ओर

(स) x-अक्ष की ओर (द) y-अक्ष की ओर

200. सम लागत रेखा को छूनेवाले विभिन्न समोत्पाद वक्रों के बिंदुओं को मिलानेवाली रेखा क्या कहलाती है?

(अ) पैमाना रेखा या विस्तार रेखा (ब) रिज रेखा

(स) कुल द्रव्य लागत रेखा (द) आय उपभोग रेखा

उत्तर के लिए कृपया पृष्ठ सं. 165 देखें।

201. उत्पादन-फलन किसे कहा जाता है ?
(अ) उत्पादन के साधनों के समूह को
(ब) उत्पादन की मात्रा को
(स) उत्पादन के साधन व उत्पादन-मात्रा के मध्य फलनात्मक संबंध को
(द) विभिन्न साधनों के मध्य संबंध को

202. कॉब-डगलस का उत्पादन-फलन इनमें से कौन सा है ?
(अ) $\ddot{Q} = f(N, K, T)$ (ब) $Q = A L^{\alpha} K^{1-\alpha}$
(स) $Q = f(N)$ (द) $Q = f(K, T)$

203. कॉब-डगलस का उत्पादन-फलन क्या बतलाता है ?
(अ) पैमाने के वृद्धिमान प्रतिफल (ब) पैमाने के ह्रासमान प्रतिफल
(स) पैमाने के समता प्रतिफल (द) पैमाने के शून्य प्रतिफल

204. कॉब-डगलस का उत्पादन-फलन कैसा है ?
(अ) रेखीय (ब) आयताकार अतिपरवलय
(स) वक्रीय (द) ऋणात्मक

205. दीर्घकाल में उत्पादन के सभी साधनों में समान अनुपात में परिवर्तन करने से उत्पादन में जो परिवर्तन होता है, उसका अध्ययन कैसे किया जाता है ?
(अ) पैमाने के प्रतिफलों के माध्यम से
(ब) समोत्पाद वक्रों के माध्यम से
(स) उत्पत्ति के नियमों के माध्यम से
(द) लागत के नियमों के माध्यम से

206. दीर्घकाल में जिस अनुपात में साधनों में परिवर्तन किया जाता है, उससे अधिक अनुपात में यदि उत्पादन बढ़ता है, तो क्या प्राप्त होता है ?
(अ) पैमाने का समतामान प्रतिफल
(ब) पैमाने का ह्रासमान प्रतिफल
(स) पैमाने का वृद्धिमान प्रतिफल
(द) पैमाने के आनुपातिक प्रतिफल

207. पैमाने के वृद्धिमान प्रतिफलों की स्थिति में समोत्पाद वक्रों के मध्य दूरियाँ क्या होती हैं ?
(अ) घटती हैं (ब) बढ़ती हैं

उत्तर के लिए कृपया पृष्ठ सं. 165 देखें।

(स) समान रहती हैं (द) पहले बढ़ती हैं, फिर घटती हैं

208. दीर्घकाल में जिस अनुपात में साधनों में परिवर्तन किया जाता है, उसी अनुपात में यदि उत्पादन में परिवर्तन होता है, तो क्या प्राप्त होते हैं?
(अ) पैमाने के वृद्धिमान प्रतिफल (ब) पैमाने के समतामान प्रतिफल
(स) पैमाने के ह्रासमान प्रतिफल (द) पैमाने के परिवर्तनशील प्रतिफल

209. पैमाने के समता प्रतिफलों की स्थिति में समोत्पाद वक्रों के मध्य दूरियाँ क्या होती हैं?
(अ) घटती हैं (ब) बढ़ती हैं
(स) समान रहती हैं (द) पहले बढ़ती हैं फिर घटती हैं

210. यदि उत्पादन के साधनों में लगातार वृद्धि की जाए तो पैमाने के ह्रासमान प्रतिफल कब लागू होंगे?
(अ) अति अल्पकाल में (ब) अल्पकाल में
(स) दीर्घकाल में (द) अति दीर्घकाल में

211. पैमाने के ह्रासमान प्रतिफलों की स्थिति में लागत कैसी होती है?
(अ) वृद्धिमान (ब) पहले वृद्धिमान फिर ह्रासमान
(स) ह्रासमान (द) समतामान

212. अल्पकाल में उत्पादन के वृद्धिमान प्रतिफलों के लागू होने के कारणों में क्या सम्मिलित नहीं है?
(अ) पैमाने की बचत प्राप्त होना (ब) स्थिर साधनों का पूर्ण प्रयोग
(स) श्रम का विशिष्टीकरण (द) संगठन की कुशलता का घटना

213. पैमाने के समता प्रतिफलों की स्थिति में यदि उत्पादन के साधनों को दुगुना कर दिया जाए तो उत्पादन कितना होगा?
(अ) तीन गुना (ब) दुगुना
(स) चौगुना (द) आधा

214. पैमाने के प्रतिफल के अंतर्गत उत्पादक फर्म को किस प्रतियोगिता के अंतर्गत कार्यशील माना जाता है?
(अ) एकाधिकार (ब) द्वयाधिकार
(स) अल्पाधिकार (द) पूर्ण प्रतियोगिता

215. पैमाने के वर्द्धमान प्रतिफलों की स्थिति में लागत कैसी होती है?

उत्तर के लिए कृपया पृष्ठ सं. 165-166 देखें।

(अ) वर्द्धमान (ब) ह्रासमान

(स) समता (द) वस्तु की प्रकृति पर निर्भर

लागत एवं आगम

216. किसी वस्तु के निर्माण में जो खर्च होता है, वह क्या कहलाता है?

(अ) लागत (ब) आगम

(स) लाभ (द) उपभोग

217. किसी वस्तु के निर्माण में जो मुद्रा खर्च होती है, उसे क्या कहा जाता है?

(अ) स्पष्ट लागत (ब) अवसर लागत

(स) सन्निहित लागत (द) द्रव्य लागत

218. वे समस्त लागतें, जो उत्पादक को उत्पादन के साधनों के स्वामियों को भुगतान करनी होती हैं, क्या कहलाती हैं?

(अ) द्रव्य लागत (ब) स्पष्ट लागत

(स) अवसर लागत (द) परिवर्तनशील लागत

219. उन लागतों, जिनका भुगतान उत्पादनकर्ता किसी को नहीं करता, परंतु स्वयं के साधनों एवं सेवाओं के बदले प्राप्त करना चाहता है, क्या कहलाती हैं?

(अ) द्रव्य लागत (ब) स्पष्ट लागत

(स) सन्निहित लागत (द) अवसर लागत

220. द्रव्य लागत क्या है?

(अ) स्पष्ट लागत + सन्निहित लागत

(ब) स्पष्ट लागत + सन्निहित लागत + सामान्य लागत

(स) स्पष्ट लागत + सन्निहित लागत + अवसर लागत

(द) सन्निहित लागत + अवसर लागत + सामान्य लाभ

221. वास्तविक अथवा सामाजिक लागत होती है—

(अ) उत्पादन में होनेवाला कष्ट + प्रतीक्षा + श्रम + अन्य बुरा प्रभाव

(ब) स्पष्ट लागत + त्याग + प्रतीक्षा

(स) स्पष्ट लागत + सन्निहित लागत

(द) स्पष्ट लागत + सन्निहित लागत + अवसर लागत

222. उत्पादन के किसी साधन को किसी वैकल्पिक प्रयोग से जो आय प्राप्त हो

उत्तर के लिए कृपया पृष्ठ सं. 166 देखें।

सकती है, वह क्या कहलाती है?

(अ) वास्तविक लागत (ब) मुद्रा लागत

(स) अवसर लागत (द) सामाजिक लागत

223. एक श्रमिक को कपड़ा उद्योग में 2000 रुपए प्राप्त होते हैं। यदि उसे वहाँ से हटा दिया जाए तो अन्य उद्योग में उसे 1750 रुपए प्राप्त होते हैं। तब श्रमिक की अवसर लागत क्या है?

(अ) 2000 रुपए (ब) 250 रुपए

(स) 3750 रुपए (द) 1750 रुपए

224. अवसर लागत का महत्त्व किसमें है?

(अ) साधन के क्षेत्र विशेष में लगे होने के कारणों की व्याख्या में

(ब) साधनों को वैकल्पिक प्रयोग में वितरित कर अधिकतम आय प्राप्त करने में

(स) उत्पादन की मात्रा में परिवर्तन का लागत पर प्रभाव जानने में

(द) उपर्युक्त सभी में

225. प्रकृति के अनुसार लागतों को कितने भागों में विभाजित किया जा सकता है?

(अ) दो (ब) तीन

(स) चार (द) पाँच

226. वे लागतें, जो उत्पादन की मात्रा से प्रभावित नहीं होती हैं, क्या कहलाती हैं?

(अ) परिवर्तनशील लागत (ब) स्थायी लागत

(स) कुल लागत (द) अवसर लागत

227. निम्नलिखित में से कौन स्थायी लागत नहीं है?

(अ) भवन का किराया

(ब) मशीनों में लगी पूँजी का ब्याज

(स) कच्चे माल का मूल्य

(द) बिजली व फोन की जमानत-राशि

228. वे लागतें, जो उत्पादन की मात्रा के साथ बदलती हैं, क्या कहलाती हैं?

(अ) परिवर्तनशील लागत (ब) स्थायी लागत

उत्तर के लिए कृपया पृष्ठ सं. 166 देखें।

(स) कुल लागत (द) अवसर लागत

229. कुल लागत क्या होती है?
(अ) स्थायी लागतों का योग
(ब) परिवर्तनशील लागतों का योग
(स) स्थिर व परिवर्तनशील लागतों का योग
(द) अवसर लागतों का योग

230. निम्नलिखित में से कौन सी परिवर्तनशील लागत नहीं है?
(अ) श्रम की मजदूरी (ब) कच्चे माल का भुगतान
(स) प्रबंधक का वेतन (द) भवन का किराया

231. उत्पादन में विस्तार के साथ-साथ कौन सी प्रति इकाई लागत में कमी होती है?
(अ) परिवर्तनशील लागत (ब) स्थिर लागत
(स) अवसर लागत (द) मौद्रिक लागत

232. समय के आधार पर लागतों को कितने भागों में बाँटा जा सकता है?
(अ) दो (ब) तीन
(स) चार (द) पाँच

233. निम्नलिखित में से किसके अतिरिक्त अन्य सभी वक्र यू आकार के होते हैं?
(अ) सीमांत लागत (ब) औसत लागत
(स) औसत परिवर्तनशील लागत (द) औसत स्थिर लागत

234. कुल लागत को उत्पादित इकाइयों की संख्या से विभाजित करने से क्या प्राप्त होती है?
(अ) औसत लागत (ब) सीमांत लागत
(स) औसत स्थिर लागत (द) औसत परिवर्तनशील लागत

235. औसत परिवर्तनशील लागत कैसे ज्ञात की जाती है?
(अ) कुल स्थिर लागत को इकाइयों की संख्या से विभाजित करके
(ब) कुल लागत को इकाइयों की संख्या से विभाजित करके
(स) कुल परिवर्तनशील लागत को इकाइयों की संख्या से विभाजित करके
(द) कुल लागत में परिवर्तन की दर ज्ञात करके

236. औसत लागत वक्र के न्यूनतम बिंदु से होकर क्या गुजरती है?

उत्तर के लिए कृपया पृष्ठ सं. 166 देखें।

(अ) औसत स्थिर लागत (ब) औसत परिवर्तनशील लागत
(स) सीमांत लागत (द) अवसर लागत

237. उत्पादन वृद्धि के साथ कौन सा वक्र x-अक्ष की ओर बढ़ता है?
(अ) औसत लागत वक्र (ब) औसत परिवर्तनशील लागत वक्र
(स) औसत स्थिर लागत वक्र (द) कुल लागत वक्र

238. मूल्य-निर्धारण में विशेष महत्त्व होता है?
(अ) औसत लागत (ब) अवसर लागत
(स) औसत परिवर्तनशील लागत (द) सीमांत लागत

239. जब औसत लागत गिरती है तो सीमांत लागत का क्या होता है?
(अ) बढ़ती है
(ब) स्थिर रहती है
(स) औसत लागत से अधिक तेजी से गिरती है
(द) औसत लागत से कम तेजी से गिरती है

240. जब औसत लागत में वृद्धि होती है तो सीमांत लागत का क्या हश्र होता है?
(अ) कम होती है
(ब) औसत लागत से अधिक तेजी से बढ़ती है
(स) औसत लागत से कम तेजी से बढ़ती है
(द) स्थिर रहती है

241. दीर्घकाल में कौन सी लागत स्थिर होती है?
(अ) औसत लागत (ब) सीमांत लागत
(स) कुल लागत (द) उपर्युक्त कोई नहीं

242. लिफाफा वक्र की संज्ञा किसे दी जाती है?
(अ) दीर्घकालीन सीमांत लागत वक्र को
(ब) दीर्घकालीन कुल लागत वक्र को
(स) दीर्घकालीन औसत लागत वक्र को
(द) दीर्घकालीन औसत परिवर्तनशील लागत वक्र को

243. अल्पकालीन औसत लागत वक्रों के न्यूनतम बिंदु को छूकर निकलनेवाले वक्र को क्या कहा जाता है?
(अ) दीर्घकालीन औसत लागत वक्र

उत्तर के लिए कृपया पृष्ठ सं. 166 देखें।

(ब) दीर्घकालीन सीमांत लागत वक्र

(स) दीर्घकालीन कुल लागत वक्र

(द) दीर्घकालीन स्थिर लागत वक्र

244. किसी वस्तु के विक्रय से जो आय प्राप्त होती है, उसे अर्थशास्त्र में क्या कहा जाता है?

(अ) विक्रय मूल्य (ब) आगम

(स) लागत (द) लाभ

245. किसी वस्तु की विभिन्न इकाइयों के विक्रय से प्राप्त आय को क्या कहा जाता है?

(अ) कुल आगम (ब) सीमांत आगम

(स) औसत आगम (द) विक्रय आगम

246. किसी वस्तु की एक अतिरिक्त इकाई के विक्रय से कुल आगम में जो परिवर्तन होता है, उसे क्या कहा जाता है?

(अ) कुल आगम (ब) औसत आगम

(स) सीमांत आगम (द) विक्रय आगम

247. औसत आगम क्या होती है?

(अ) कुल आगम ÷ कुल इकाइयाँ

(ब) कुल आगम ÷ कुल विक्रय इकाइयाँ

(स) सीमांत आगम ÷ कुल विक्रय इकाइयाँ

(द) कुल आगम ÷ सीमांत आगम

248. सीमांत लागत न्यूनतम कब होगी?

(अ) जब कुल उत्पादन अधिकतम होगा

(ब) जब उत्पादन के साधनों का संयोग श्रेष्ठतम होगा

(स) जब गतिशील साधनों का औसत उत्पादन अधिकतम होगा

(द) जब गतिशील साधनों का सीमांत उत्पादन अधिकतम होगा

249. पूर्ण प्रतियोगिता में सभी इकाइयों का बाजार–मूल्य बराबर होने के कारण औसत आगम रेखा कैसी होती है?

(अ) ऋणात्मक ढालयुक्त (ब) लंबवत्

(स) क्षैतिज (द) धनात्मक ढालयुक्त

उत्तर के लिए कृपया पृष्ठ सं. 166 देखें।

250. एकाधिकारी प्रतियोगिता में औसत आगम वक्र का आकार कैसा होता है?

(अ) ऋणात्मक ढालयुक्त रेखा (ब) लंबवत् रेखा

(स) क्षैतिज रेखा (द) धनात्मक ढालयुक्त रेखा

251. औसत आगम वक्र को क्या कहा जाता है?

(अ) लिफाफा वक्र (ब) माँग वक्र

(स) पूर्ति वक्र (द) उत्पादन वक्र

252. कुल आगम (TR) होता है, (P = कीमत Q = मात्रा)—

(अ) $TR = P + Q$ (ब) $TR = \frac{P}{Q}$

(स) $TR = P \times Q$ (द) $TR = P - Q$

बाजार का वर्गीकरण व विभिन्न प्रतियोगी बाजार

253. वह क्षेत्र, जहाँ क्रेताओं व विक्रेताओं की पारस्परिक क्रिया के फलस्वरूप वस्तु की कीमत का निर्धारण होता है, क्या कहलाता है?

(अ) दुकान (ब) बाजार

(स) मालगोदाम (द) मेला

254. समय के आधार पर बाजार को कितने भागों में बाँटा जा सकता है?

(अ) तीन (ब) चार

(स) पाँच (द) छह

255. फल, सब्जियाँ आदि शीघ्र नाशवान वस्तुओं का बाजार कैसा होता है?

(अ) अति अल्पकालीन (ब) अल्पकालीन

(स) दीर्घकालीन (द) अति दीर्घकालीन

256. निम्नलिखित में से किसमें पूर्ति को माँग के अनुरूप घटाया-बढ़ाया जा सकता है?

(अ) सेवा बाजार (ब) अल्पकालीन बाजार

(स) दीर्घकालीन बाजार (द) वस्तु बाजार

257. क्षेत्र के आधार पर बाजारों को कितने भागों में बाँटा जा सकता है?

(अ) तीन (ब) चार

(स) पाँच (द) छह

उत्तर के लिए कृपया पृष्ठ सं. 166-167 देखें।

258. जब एक देश का व्यापार दूसरे देश से होता है तो ऐसे बाजार को क्या कहा जाता है ?

(अ) स्थानीय बाजार (ब) प्रादेशिक बाजार

(स) राष्ट्रीय बाजार (द) अंतरराष्ट्रीय बाजार

259. प्रतियोगिता के आधार पर बाजार को कितने भागों में बाँटा जा सकता है ?

(अ) तीन (ब) चार

(स) पाँच (द) छह

260. वस्तु के उत्पादन तथा बिक्री से संबद्ध क्रियाओं में संलग्न इकाई को क्या कहा जाता है ?

(अ) बाजार (ब) उद्योग

(स) फर्म (द) दुकान

261. फर्मों का वह समूह, जो समरूप वस्तुओं का निर्माण करता है, क्या कहलाता है ?

(अ) उद्योग (ब) फर्म समूह

(स) बाजार (द) विशिष्ट बाजार

262. किसी फर्म के उद्देश्य में क्या सम्मिलित नहीं होता है ?

(अ) अधिकतम लाभ प्राप्त करना

(ब) अधिकतम आगम प्राप्त करना

(स) बाजार में अपना स्थान बनाए रखना

(द) वस्तु को कम-से-कम कीमत पर बेचना

263. 'काला बाजार' या 'चोर बाजार' किसे कहा जाता है ?

(अ) जहाँ वस्तु लागत से कम कीमत पर बेची जाती हैं

(ब) जहाँ वस्तु निर्धारित मूल्य से अधिक कीमत पर बेची जाती हैं

(स) जहाँ वस्तु गैर-कानूनी ढंग से बेची जाती हैं

(द) जहाँ वस्तु चोरी करके बेची जाती हैं

264. वह बाजार, जिसमें क्रेताओं एवं विक्रेताओं की प्रतिस्पर्धा अत्यधिक होती है, क्या कहलाता है ?

(अ) पूर्ण प्रतियोगी बाजार (ब) एकाधिकारी बाजार

(स) अपूर्ण प्रतियोगी बाजार (द) अल्पाधिकारी बाजार

उत्तर के लिए कृपया पृष्ठ सं. 167 देखें।

265. एक पूर्ण प्रतियोगी बाजार की विशेषताओं में क्या सम्मिलित नहीं है?
(अ) क्रेताओं व विक्रेताओं की अधिक संख्या
(ब) संपूर्ण बाजार में वस्तु के मूल्य की समानता
(स) दीर्घकाल में असामान्य लाभ कमाना
(द) सभी विक्रेताओं की वस्तु में एकरूपता

266. एक पूर्ण प्रतियोगी बाजार में वस्तु के मूल्य पर किसका नियंत्रण रहता है?
(अ) क्रेताओं का (ब) विक्रेताओं का
(स) सरकार का (द) मूल्य-नियंत्रण नहीं होता है

267. पूर्ण प्रतियोगिता की स्थिति में बाजार में किसी वस्तु का मूल्य कैसा होता है?
(अ) संपूर्ण बाजार में एक समान
(ब) अलग-अलग विक्रेता का अलग-अलग
(स) वस्तु की गुण व मात्रा पर निर्भर होता है
(द) सरकारी आदेश के द्वारा निर्धारित

268. पूर्ण प्रतियोगिता की स्थिति में विभिन्न विक्रेताओं की वस्तु कैसी होती है?
(अ) एक-दूसरे की स्थानापन्न (ब) मात्रा एवं गुण में एक समान
(स) एक-दूसरे की पूरक (द) जितने ब्रांड, उतनी वस्तुएँ

269. पूर्ण प्रतियोगिता में उत्पादन के साधन कैसे होते हैं?
(अ) पूर्ण गतिशील (ब) अपूर्ण गतिशील
(स) अगतिशील (द) एक ही फर्म में गतिशील

270. पूर्ण प्रतियोगिता में फर्मों का प्रवेश व बहिगमन कैसा होता है?
(अ) सरकारी नियंत्रण में (ब) उद्योग विभाग के नियंत्रण में
(स) पूर्ण स्वतंत्र (द) पूर्ण प्रतिबंध होता है

271. कोई भी फर्म साम्य की अवस्था में कब होती है?
(अ) जब उसके उत्पादन में वृद्धि हो रही हो
(ब) जब उसका लाभ बढ़ रहा हो
(स) जब उसके उत्पादन की मात्रा में परिवर्तन की प्रवृत्ति न हो एवं लाभ अधिकतम हो
(द) जब उसे न्यूनतम हानि हो रही हो

उत्तर के लिए कृपया पृष्ठ सं. 167 देखें।

272. कुल लाभ कैसे ज्ञात किया जाता है?
(अ) कुल आय - कुल लागत
(ब) कुल आय + कुल व्यय
(स) एक वस्तु की कीमत - उनकी लागत
(द) वस्तु की बिक्री से प्राप्त आय - मौद्रिक लागत

273. फर्म की साम्य अवस्था की मान्यताओं में क्या सम्मिलित नहीं है?
(अ) फर्म अपना लाभ अधिकतम करना चाहती है
(ब) फर्म अपनी तकनीक में परिवर्तन करना चाहती है
(स) फर्म अपनी लागत न्यूनतम करना चाहती है
(द) फर्म अपने उत्पादन को परिवर्तित नहीं करना चाहती है

274. एक फर्म का लाभ अधिकतम होता है—
(अ) MR = AR　　(ब) MR = MC
(स) MC = AR　　(द) MC = AVC
(MC = सीमांत लागत, MR = सीमांत आगम, AR = औसत आगम, AVC = औसत परिवर्तनशील लागत)

275. पूर्ण प्रतियोगिता में कार्यरत फर्म अल्पकाल में क्या कमा सकती है?
(अ) विशिष्ट लाभ　　(ब) हानि
(स) सामान्य लाभ　　(द) सभी संभव है

276. पूर्ण प्रतियोगिता में कार्यरत फर्म दीर्घकाल में क्या कमाती है?
(अ) सामान्य लाभ　　(ब) विशिष्ट लाभ
(स) हानि　　(द) सभी संभव है

277. निम्नलिखित में से कौन सा उद्योग पूर्ण प्रतियोगिता के निकट होता है?
(अ) शीतल पेय उद्योग　　(ब) चीनी उद्योग
(स) नमक उद्योग　　(द) कपड़ा उद्योग

278. एक फर्म के लिए उत्पादन बंद करने की अवस्था कब होती है?
(अ) जब कीमत व लागत बराबर हों
(ब) जब कीमत लागत से कम हो
(स) जब कीमत व परिवर्तनशील लागत बराबर हो
(द) जब कीमत स्थिर लागत के बराबर हो

उत्तर के लिए कृपया पृष्ठ सं. 167 देखें।

279. एक फर्म का ब्रेक इवन पोएंट (लागत-कीमत समानता) की अवस्था कब होती है?

(अ) जब कीमत एवं सीमांत लागत बराबर हो

(ब) जब कीमत व औसत लागत बराबर हो

(स) जब कीमत व औसत परिवर्तनशील लागत बराबर हो

(द) जब कीमत व औसत स्थिर लागत बराबर हो

280. पूर्ण प्रतियोगिता की स्थिति में यदि उद्योग लाभ की स्थिति में होगा, तब क्या होगा?

(अ) फर्मों की संख्या वही रहेगी (ब) फर्मों की संख्या घटेगी

(स) फर्मों की संख्या बढ़ेगी (द) पहले बढ़ेगी फिर घटेगी

281. पूर्ण प्रतियोगिता में अल्पकाल में उद्योग यदि हानि की स्थिति में होता है, तो फर्मों की संख्या पर क्या प्रभाव पड़ेगा?

(अ) बढ़ेगी (ब) घटेगी

(स) स्थिर रहेगी (द) हानि की मात्रा पर निर्भर

282. पूर्ण प्रतियोगिता की धारणा की आलोचना किस आधार पर की जाती है?

(अ) वास्तव में वस्तुएँ समान न होकर उनमें विभेद होता है

(ब) इसमें उपभोक्ता को नुकसान होता है

(स) बाजार में एकाधिकारी प्रवृत्तियाँ पनपती हैं

(द) इसमें तकनीकी विकास नहीं होता है

283. पूर्ण प्रतियोगिता की स्थिति में यातायात लागत को क्या माना जाता है?

(अ) शून्य (ब) परिवर्तनशील

(स) अपरिवर्तनशील (द) वस्तु की प्रकृति पर आधारित

284. पूर्ण प्रतियोगिता के अंतर्गत उत्पादित वस्तु का विज्ञापन कैसे होता है?

(अ) समाचार-पत्रों से (ब) टी.वी. से

(स) विज्ञापन अभिकर्ता से (द) विज्ञापन होता ही नहीं

285. एकाधिकार की स्थिति में किसी वस्तु के विक्रेताओं की संख्या कितनी होती है?

(अ) एक (ब) दो

(स) तीन (द) बहुत अधिक

उत्तर के लिए कृपया पृष्ठ सं. 167 देखें।

286. एकाधिकारी प्रतियोगिता में फर्म व उद्योग की स्थिति कैसी होती है?
(अ) उद्योग फर्मों का समूह होता है
(ब) केवल उद्योग ही होता है
(स) केवल फर्म ही होता है
(द) फर्म व उद्योग एक ही होता है

287. एक एकाधिकारी के द्वारा उत्पादित वस्तु का माँग-वक्र कैसा होता है?
(अ) लोचदार (ब) अधिक लोचदार
(स) बेलोचदार (द) पूर्ण लोचदार

288. एक एकाधिकारी अपनी वस्तु की कीमत एवं पूर्ति—दोनों में से किसे निर्धारित कर सकता है?
(अ) दोनों को (ब) पूर्ति को
(स) कीमत को (द) दोनों में से एक को

289. कोई एकाधिकारी निम्नलिखित में से कौन सा व्यय नहीं करता है?
(अ) मजदूरी पर व्यय (ब) कच्चे माल पर व्यय
(स) विज्ञापन पर व्यय (द) प्रबंधन पर व्यय

290. एकाधिकार प्रतियोगिता में उत्पादन कैसा होता है?
(अ) अधिकतम (ब) पूर्ण प्रतियोगिता से कम
(स) न्यूनतम (द) पूर्ण प्रतियोगिता से अधिक

291. एक एकाधिकारी का उद्‌देश्य क्या होता है?
(अ) प्रत्येक व्यक्ति तक अपनी वस्तु पहुँचाना
(ब) समाज का अधिकतम कल्याण करना
(स) अपने लाभ को अधिकतम करना
(द) अपनी वस्तु का अधिकतम विक्रय करना

292. एक ही वस्तु का अलग-अलग क्रेताओं से अलग-अलग मूल्य वसूल करना क्या कहलाता है?
(अ) धोखाधड़ी (ब) मूल्य-विभेद
(स) भ्रष्टाचार (द) काला बाजार

293. हमारे देश में सरकार के द्वारा किया गया मूल्य-विभेद क्या है?
(अ) राशन के गेहूँ का कम मूल्य गरीबों से व अधिक मूल्य अमीरों से

उत्तर के लिए कृपया पृष्ठ सं. 167-168 देखें।

वसूल करना

(ब) एक ही दूरी की यात्रा के लिए रेलवे द्वारा अलग-अलग मूल्य के टिकट बेचना

(स) अपने कर्मचारियों को अतिरिक्त सुविधाएँ देना

(द) किसानों के लिए न्यूनतम समर्थन मूल्य की घोषणा

294. एक एकाधिकारी अल्पकाल में क्या प्राप्त करता है ?

(अ) असामान्य लाभ (ब) हानि

(स) सामान्य लाभ (द) उपर्युक्त सभी संभव है

295. एक एकाधिकारी दीर्घकाल में क्या प्राप्त करता है ?

(अ) असामान्य लाभ (ब) हानि

(स) सामान्य लाभ (द) उपर्युक्त सभी संभव है

296. एक एकाधिकारी का औसत आगम-वक्र गिरने का कारण क्या है ?

(अ) वस्तु का मूल्य बढ़ना

(ब) उत्पादन की मात्रा स्थिर रहना

(स) उत्पादन-वृद्धि के साथ मूल्य में कमी होना

(द) उत्पादन-वृद्धि के साथ मूल्य में वृद्धि होना

297. एकाधिकारी प्रतियोगिता के अंतर्गत उत्पादित वस्तु पर उपभोक्ता की बचत कैसी होती है ?

(अ) पूर्ण प्रतियोगिता से अधिक (ब) पूर्ण प्रतियोगिता से कम

(स) मापी नहीं जा सकती (द) अधिकतम होती है

298. अल्पकाल में एक एकाधिकारी हानि क्यों उठाता है ?

(अ) भविष्य में लाभ कमाने के लिए

(ब) उत्पादन का संगठन ठीक न होने से

(स) संभावित प्रतियोगियों को बाजार से बाहर करने के लिए

(द) कच्चे माल के मूल्यों में वृद्धि होने से

299. किसी स्थिति में एकाधिकारी अल्पकाल में भी असामान्य लाभ कब अर्जित करता है ?

(अ) जब उसे बाजार में प्रतियोगिता का कोई भय न हो

(ब) जब उसकी लागत कम हो रही हो

उत्तर के लिए कृपया पृष्ठ सं. 168 देखें।

(स) जब उसकी वस्तु की माँग बढ़ रही हो

(द) विकल्प ब और स

300. एकाधिकारी की शक्ति के माप के लिए लर्नर द्वारा दिया गया सूत्र इनमें से कौन सा है? (P = कीमत C = सीमांत लागत)

(अ) $\mu = \frac{P + C}{P}$ (ब) $\mu = \frac{P - C}{P}$

(स) $\mu = \frac{P}{P - C}$ (द) $\mu = \frac{P}{P + C}$

301. यदि माँग की लोच शून्य होगी तो एकाधिकारी की शक्ति कैसी होगी?

(अ) $\mu = 0$ (ब) $\mu = 1$

(स) $\mu = \infty$ (द) $\mu > 1$

(μ एकाधिकारी की शक्ति का अंश)

302. निम्नलिखित में से कौन सा कार्य एक एकाधिकारी नहीं कर सकता है?

(अ) मिलावट (ब) कीमतों में वृद्धि

(द) पूर्ति पर प्रतिबंध (स) ऊँची कीमत पर अधिक बिक्री

303. यदि किसी एकाधिकारी के द्वारा उत्पादित वस्तु की माँग की लोच पूर्ण लोचदार हो, तो एकाधिकारी की शक्ति कैसी होगी?

(अ) $\mu = 0$ (ब) $\mu = 1$

(स) $\mu > 1$ (द) $\mu = \infty$

304. एकाधिकारी की शक्ति के माप का माँग की लोच पर आधारित सूत्र इनमें से कौन सा है?

(अ) $\mu = e$ (ब) $\mu = \frac{1}{e}$

(स) $\mu = 1 + e$ (द) $\mu = 1 \times e$

(e = माँग की लोच μ = एकाधिकार का अंश)।

305. हमारे देश में अपूर्ण सार्वजनिक एकाधिकारी सेवा का उदाहरण इनमें से कौन सा है?

(अ) रसोई गैस (ब) टेलीफोन सेवा

(स) रेल सेवा (द) डाक सेवा

306. एक एकाधिकारी कीमत एवं मात्रा—दोनों में से यदि मात्रा निर्धारित करता

उत्तर के लिए कृपया पृष्ठ सं. 168 देखें।

है, तो कीमत कैसी होगी?

(अ) उसके द्वारा निर्धारित (ब) उपभोक्ताओं के द्वारा निर्धारित

(स) सरकार के द्वारा निर्धारित (द) पूर्ति की मात्रा पर निर्भर है

307. निम्नलिखित में से कौन सी कीमत विभेद का उदाहरण नहीं है?

(अ) सिनेमाघर में टिकट की दरें (ब) रेल टिकट की दरें

(स) विद्युत् दरें (द) नमक की दरें

308. मूल्य-विभेद के संदर्भ में कौन सा कथन गलत है?

(अ) माँग की लोच अलग-अलग होनी चाहिए

(ब) बाजार अलग-अलग होने चाहिए

(स) क्रेताओं की आर्थिक स्थिति भिन्न होनी चाहिए

(द) उत्पादक एकाधिकार की स्थिति में होना चाहिए

309. एकाधिकार की स्थिति में पूर्ति वक्र कैसा होता है?

(अ) पूर्ण बेलोचदार (ब) पूर्ण लोचदार

(स) पूर्ति वक्र अनुपस्थित होता है (द) लोचदार

310. किस अवस्था में एक एकाधिकारी उपभोक्ताओं की संपूर्ण बंचत कब ले लेता है?

(अ) जब वह प्रथम अंश का कीमत-विभेद करता है

(ब) जब वह द्वितीय अंश का कीमत-विभेद करता है

(स) जब वह तृतीय अंश का कीमत-विभेद करता है

(द) जब वह चतुर्थ अंश का कीमत विभेद करता है

311. जब एकाधिकारी घरेलू बाजार में कीमत अधिक व विदेशी बाजार में कम कीमत वसूल करता है तो इसे क्या कहा जाता है?

(अ) कीमत विभेद (ब) राशिपातन

(स) द्वयाधिकार (द) विभेदात्मक एकाधिकार

312. अर्थशास्त्र में अपूर्ण प्रतियोगिता का विचार किसने दिया था?

(अ) श्रीमती जॉन रॉबिंसन (ब) प्रो. चेंबरलिन

(स) प्रो. बोल्डिंग (द) एच.एच. गोसेन

313. प्रतियोगिता की मात्रा, प्रकृति व बाजार की स्थिति के आधार पर अपूर्ण प्रतियोगिता को कितने भागों में बाँटा जा सकता है?

उत्तर के लिए कृपया पृष्ठ सं. 168 देखें।

(अ) दो (ब) तीन
(स) चार (द) पाँच

314. जब संपूर्ण बाजार पर केवल दो फर्मों का ही अधिकार होता है तो इसे क्या कहा जाता है?
(अ) एकाधिकृत प्रतियोगिता (ब) अल्पाधिकार
(स) द्वयाधिकार (द) एकाधिकार

315. एकाधिकृत प्रतियोगिता की विचारधारा के प्रतिपादक कौन हैं?
(अ) श्रीमती जॉन रॉबिंसन (ब) प्रो. चेंबरलिन
(स) प्रो. पॉल एम. स्वीजी (द) प्रो. मार्शल

316. एकाधिकृत प्रतियोगिता में क्रेताओं व विक्रेताओं की संख्या कितनी होती है?
(अ) अधिक (ब) सीमित
(स) अत्यधिक (द) एक या दो

317. द्विपक्षीय एकाधिकार किसे कहा जाता है?
(अ) केवल दो क्रेता
(ब) केवल दो विक्रेता
(स) एक एकाधिकारी की वस्तु को एक एकाधिकारी क्रेता ही खरीदे
(द) देश व विदेश दोनों में एकाधिकार

318. क्रेता एकाधिकार का उदाहरण इनमें से कौन सा है?
(अ) सरकार के द्वारा बिजली की खरीद
(ब) रेलवे के द्वारा डीजल की खरीद
(स) सरकार द्वारा रूस से विमानों की खरीद
(द) रिलायंस पेट्रोलियम द्वारा पेट्रोल की खरीद

319. एकाधिकृत प्रतियोगिता में फर्म का माँग-वक्र कैसा होता है?
(अ) पूर्ण लोचदार (ब) पूर्ण बेलोचदार
(स) अधिक लोचदार (द) बेलोचदार

320. एकाधिकृत प्रतियोगिता का उदाहरण इनमें से कौन सा नहीं है?
(अ) हेयर कटिंग सैलून (ब) जनरल स्टोर
(स) दवाई की दुकानें (द) भारतीय रेल

उत्तर के लिए कृपया पृष्ठ सं. 168 देखें।

321. एकाधिकृत प्रतियोगिता में कार्यरत फर्में अपनी वस्तु को बिक्री बढ़ाने के लिए क्या करती हैं ?

(अ) विज्ञापन (ब) राशनिंग

(स) निर्यात (द) कालाबाजारी

322. एकाधिकृत प्रतियोगिता में कार्यरत एक फर्म का अधिकतम लाभ होता है ?

(अ) MR = AR (ब) MR = AC

(स) MR = MC (द) MC = AC

323. एकाधिकृत प्रतियोगिता में कार्यरत एक फर्म को अल्पकाल में क्या मिलता है ?

(अ) असामान्य लाभ (ब) सामान्य लाभ

(स) हानि (द) उपर्युक्त सभी संभव है

324. एकाधिकृत प्रतियोगिता में कार्यरत एक फर्म को दीर्घकाल में क्या मिलता है ?

(अ) सामान्य लाभ (ब) असामान्य लाभ

(स) सामान्य हानि (द) असामान्य हानि

325. एकाधिकृत प्रतियोगिता की विशेषताओं के संदर्भ में निम्नलिखित में से क्या असत्य है ?

(अ) प्रत्येक फर्म समरूप वस्तु का उत्पादन करती है

(ब) प्रत्येक फर्म अपने ब्रांड की एकाधिकारी होती है

(स) फर्मों को प्रवेश व बहिर्गमन की स्वतंत्रता होती है

(द) उत्पादित वस्तुएँ मात्रा व गुण में समान होती हैं

326. सबसे अधिक कुशल फर्म उस फर्म को माना जाता है, जिसकी लागत न्यूनतम होती है ?

(अ) सीमांत लागत (ब) कुल लागत

(स) औसत लागत (द) परिवर्तनशील लागत

327. बाजार की वह स्थिति, जिसमें संपूर्ण बाजार पर थोड़ी सी फर्मों का अधिकार होता है, क्या कहलाती है ?

(अ) एकाधिकृत प्रतियोगिता (ब) पूर्ण प्रतियोगिता

(स) अल्पाधिकार (द) द्वयाधिकार

उत्तर के लिए कृपया पृष्ठ सं. 168 देखें।

328. एक अल्पाधिकारी फर्म की विशेषताओं में क्या सम्मिलित नहीं है?

(अ) फर्मों की संख्या थोड़ी (अल्प) होती है

(ब) प्रत्येक फर्म बाजार की पूर्ति का एक बड़ा भाग उपलब्ध कराती है

(स) प्रत्येक फर्म अपनी कीमत व उत्पादन की मात्रा को निर्धारित करते समय प्रतियोगियों का ध्यान रखती है

(द) फर्म का आकार अनुकूलतम होने की प्रवृत्ति रहती है

329. अल्पाधिकार में सबसे अधिक महत्त्व किसका होता है?

(अ) उत्पादन का (ब) विज्ञापन का

(स) कीमत का (द) गुण का

330. जब अल्पाधिकार की स्थिति में प्रत्येक फर्म दूसरे फर्मों पर आश्रित न रहकर स्वयं मूल्य तय करती है, तो यह क्या कहलाता है?

(अ) पूर्ण अल्पाधिकार (ब) विभेदात्मक अल्पाधिकार

(स) आंशिक अल्पाधिकार (द) शुद्ध अल्पाधिकार

331. अल्पाधिकार में मूल्य व उत्पादन की मात्रा के निर्धारण हेतु विकुंचित माँग-वक्र की विधि किसके द्वारा दी गई?

(अ) प्रो. चेंबरलिन (ब) प्रो. पॉल एम. स्वीजी

(स) श्रीमती जॉन रॉबिंसन (द) जे.एम. कीन्स

332. अल्पाधिकार में कार्यरत फर्में अपनी बिक्री बढ़ाने के लिए किसका सहारा नहीं लेती हैं?

(अ) विज्ञापन

(ब) उत्पादन में वृद्धि

(स) मूल्य में कमी

(द) विपणन-अभिकर्ताओं की नियुक्ति

333. अल्पाधिकार में कार्यरत फर्मों में से कोई एक फर्म मूल्य में कमी करती है तो अन्य फर्म क्या करेंगी?

(अ) मूल्य में कमी

(ब) अप्रभावित रहेंगी

(स) मूल्य में वृद्धि

(द) विज्ञापन से अपनी वस्तु की बिक्री बढ़ाएँगी

उत्तर के लिए कृपया पृष्ठ सं. 168 देखें।

बाजार-मूल्य का सामान्य सिद्धांत

334. बाजार में एक उपभोक्ता वस्तु का जो मूल्य देता है, वह क्या होता है?
(अ) वस्तु की सीमांत उपयोगिता के बराबर
(ब) वस्तु की माँग व पूर्ति द्वारा निर्धारित होता है
(स) वस्तु की कुल उपयोगिता के बराबर
(द) सरकार के द्वारा निश्चित की गई कीमत

335. किसी भी वस्तु का मूल्य उसके निर्माण में प्रयुक्त श्रम की मात्रा पर निर्भर करता है। उपर्युक्त मूल्य के श्रम सिद्धांत के प्रतिपादक अर्थशास्त्री कौन थे?
(अ) प्रो. जेवंस (ब) कार्ल मार्क्स
(स) प्रो. मार्शल (द) बेबर

336. किस सिद्धांतानुसार मूल्य का निर्धारण उत्पादन लागत पर निर्भर करता है?
(अ) श्रम-सिद्धांत (ब) उपयोगिता-सिद्धांत
(स) लागत-सिद्धांत (द) सीमांत उपयोगिता-सिद्धांत

337. उपयोगिता-सिद्धांत के अनुसार मूल्य वस्तु की उपयोगिता पर निर्भर करता है। इस सिद्धांत के प्रतिपादक कौन थे?
(अ) प्रो. मार्शल (ब) प्रो. जेवंस
(स) प्रो. जे.एम. कीन्स (द) प्रो. चेंबरलिन

338. किसी वस्तु की सीमांत उपयोगिता को ही वस्तु के मूल्य का आधार किसने माना था?
(अ) कार्ल मार्क्स (ब) प्रो. जेवंस
(स) प्रो. बीजर (द) प्रो. जे.एम. कीन्स

339. आधुनिक अर्थशास्त्रियों के अनुसार वस्तु का मूल्य निर्धारित कैसे होता है?
(अ) वस्तु की माँग व पूर्ति से (ब) वस्तु की सीमांत उपयोगिता से
(स) वस्तु की कुल उपयोगिता से (द) वस्तु में लगी श्रम की मात्रा से

340. मार्शल के अनुसार पूर्ण प्रतियोगिता के अंतर्गत किसी वस्तु के मूल्य का निर्धारण कैसे होता है?
(अ) सीमांत उपयोगिता = सीमांत लागत
(ब) कुल माँग = कुल पूर्ति

उत्तर के लिए कृपया पृष्ठ सं. 168-169 देखें।

(स) उत्पादन लागत की मात्रा से

(द) विक्रेता की इच्छा से

341. किसी वस्तु के लिए जानेवाले मूल्य की अधिकतम सीमा किस पर निर्भर करती है?

(अ) वस्तु की पूर्ति पर

(ब) वस्तु की माँग पर

(स) वस्तु की सीमांत उपयोगिता पर

(द) स्थानापन्न व पूरक वस्तुओं की कीमतों पर

342. यदि किसी वस्तु की पूर्ति माँग की तुलना में कम होती है, तो उस वस्तु का क्या मूल्य होगा?

(अ) बढ़ेगा (ब) स्थिर रहेगा

(स) घटेगा (द) वस्तु पर निर्भर है

343. दुर्लभ डाक टिकट, पुरानी पेंटिंग आदि के मूल्य-निर्धारण में किसकी अहम भूमिका होती है?

(अ) वस्तु की माँग की (ब) वस्तु की पूर्ति की

(स) दुर्लभता की (द) दुर्लभता व पूर्ति दोनों की

344. अति अल्पकालीन अवधि में मूल्य-निर्धारण में महत्त्वपूर्ण भूमिका किसकी होती है?

(अ) माँग की (ब) पूर्ति की

(स) सरकारी नीति की (द) माँग व पूर्ति दोनों की

345. दीर्घकाल में किसी वस्तु के मूल्य-निर्धारण में महत्त्वपूर्ण भूमिका किसकी होती है?

(अ) माँग की (ब) पूर्ति की

(स) माँग व पूर्ति—दोनों की (द) सरकारी नीति की

346. शीघ्र नाश होनेवाली वस्तुओं का अति अल्पकालीन पूर्ति वक्र कैसा होता है?

(अ) समांतर (ब) लंबवत्

(स) धनात्मक (द) ऋणात्मक

347. ऐसी वस्तुएँ, जिन्हें दुबारा उत्पादित करना संभव न हो, क्या कहलाती हैं?

उत्तर के लिए कृपया पृष्ठ सं. 169 देखें।

(अ) पुनरुत्पादनीय वस्तु (ब) निरुत्पादनीय वस्तु
(स) टिकाऊ वस्तु (द) उपभोग वस्तु

348. निम्नलिखित में से कौन सी वस्तु निरुत्पादनीय नहीं है?
(अ) शाला भवन (ब) ताजमहल
(स) खजुराहो की मूर्तियाँ (द) मोनालिसा की पेंटिंग

349. बाजार में वास्तविक प्रचलित मूल्य को क्या कहा जाता है?
(अ) सामान्य मूल्य (ब) एकाधिकारी मूल्य
(स) बाजार मूल्य (द) वास्तविक मूल्य

350. सामान्य मूल्य के संदर्भ में कौन सा कथन असत्य है?
(अ) जो दीर्घकाल से संबंधित होता है
(ब) इस मूल्य पर पूर्ति निश्चित एवं स्थिर होती है
(स) जो सदैव उत्पादन-लागत के बराबर होता है
(द) जिसमें केवल सामान्य लाभ ही प्राप्त होता है

वितरण के सिद्धांत

351. जिन सिद्धांतों के आधार पर उत्पादन के साधनों को प्रतिफल का भुगतान किया जाता है, वे क्या कहलाते हैं?
(अ) वितरण के सिद्धांत (ब) उत्पादन के सिद्धांत
(स) उपभोग का सिद्धांत (द) राजस्व के सिद्धांत

352. प्रतिष्ठित अर्थशास्त्रियों के अनुसार उत्पादन में सबसे पहले किसका भुगतान करना चाहिए?
(अ) पूँजी (ब) भूमि
(स) श्रम (द) प्रबंध

353. उत्पादन के अन्य साधनों को स्थिर रखकर किसी साधन की एक इकाई में वृद्धि से कुल उत्पादन में होनेवाली वृद्धि साधन की क्या कहलाती है?
(अ) सीमांत आगम उत्पादकता (ब) सीमांत उत्पाद का मूल्य
(स) सीमांत भौतिक उत्पादकता (द) सीमांत साधन उत्पादकता

354. जब अन्य साधनों को स्थिर रखकर किसी परिवर्तनशील साधन की इकाई में परिवर्तन से कुल आगम में जो परिवर्तन होता है, वह क्या कहलाता है?

उत्तर के लिए कृपया पृष्ठ सं. 169 देखें।

(अ) सीमांत भौतिक उत्पादकता (ब) सीमांत आगम उत्पादकता
(स) सीमांत उत्पादकता (द) सीमांत उत्पाद का मूल्य

355. वितरण की सीमांत उत्पादकता के सिद्धांत के प्रतिपादकों में इनमें से कौन सम्मिलित नहीं है?
(अ) युलीसे गोबी (ब) वीक स्टीड
(स) वालरस (द) जे.बी. क्लार्क

356. सीमांत आगम उत्पादकता कैसे ज्ञात की जा सकती है?
(अ) MRP = MPP × MR (ब) MRP = MPP + MP
(स) MRP = VMP × MR (द) MRP = MPP × AR
(MRP सीमांत आगम उत्पादकता, MPP सीमांत भौतिक उत्पादकता, MR सीमांत आगम, VMP सीमांत उत्पादकता का मूल्य, AR औसत आगम)

357. वितरण के सीमांत उत्पादकता के सिद्धांतानुसार उत्पादन के साधनों को जो कीमत या पुरस्कार दिया जाता है, उसका आधार क्या है?
(अ) औसत उत्पादकता (ब) कुल उत्पादकता
(स) सीमांत उत्पादकता (द) सरकारी नीति

358. सीमांत भौतिक उत्पादकता (MPP) वक्र का आकार कैसा होता है?
(अ) धनात्मक ढालयुक्त (ब) ऋणात्मक ढालयुक्त
(स) यू-आकार (द) क्षैतिज

359. एक उत्पादक का लाभ अधिकतम तब होगा, जब—
(अ) सीमांत आय-उत्पादन = औसत आगम उत्पादकता
(ब) सीमांत आय-उत्पादन = साधन की सीमांत लागत
(स) सीमांत आय-उत्पादन = साधन का मौद्रिक भुगतान
(द) सीमांत आय-उत्पादन = कुल लागत

360. वितरण के आधुनिक सिद्धांतानुसार उत्पादन के साधनों को कीमत या पारितोषिक का भुगतान किस आधार पर किया जाता है?
(अ) उनकी सीमांत उत्पादकता के आधार पर
(ब) उनकी औसत उत्पादकता के आधार पर
(स) उनकी माँग एवं पूर्ति के आधार पर
(द) प्रबंधकों व साधनों के मध्य हुए सौदों के आधार पर

उत्तर के लिए कृपया पृष्ठ सं. 169 देखें।

361. यदि किसी समय साधन की माँग पूर्ति की तुलना में अधिक होती है तो साधन का मूल्य का क्या होगा?

(अ) बढ़ेगा | (ब) घटेगा
(स) समान रहेगा | (द) पहले बढ़ेगा फिर घटेगा

362. वितरण का आधुनिक सिद्धांत आधारित है—

(अ) पूर्ण प्रतियोगिता पाई जाती है
(ब) प्रत्येक साधन पूर्णतया विभाज्य है
(स) साधन की सभी इकाइयाँ समरूप होती हैं
(द) उपर्युक्त सभी मान्यताओं पर

363. उत्पादन के साधन के रूप में भूमि का जो प्रतिफल दिया जाता है, वह क्या कहलाता है?

(अ) किराया | (ब) लगान
(स) ब्याज | (द) वेतन

364. भूमि की पूर्ति कैसी होती है?

(अ) लोचदार | (ब) अधिक लोचदार
(स) पूर्णतया लोचदार | (द) बेलोचदार

365. लगान के संदर्भ में सर्वप्रथम निश्चित व सुव्यवस्थित सिद्धांत के प्रस्तुतकर्ता कौन थे?

(अ) रिकॉर्डो | (ब) प्रो. माल्थस
(स) प्रो. बोल्डिंग | (द) सीनियर

366. राष्ट्रीय आय का वह भाग, जो भू-स्वामी को भूमि के प्रयोग के बदले में दिया जाता है, क्या कहलाता है?

(अ) कुल लगान | (ब) ठेका लगान
(स) आर्थिक लगान | (द) सीमांत लगान

367. जब भूमि का प्रतिफल भूमिपति एवं प्रयोगकर्ता के मध्य आपसी समझौते द्वारा निर्धारित होता है तो वह क्या कहलाता है?

(अ) आर्थिक लगान | (ब) ठेका लगान
(स) कुल लगान | (द) सीमांत लगान

368. ठेका लगान आर्थिक लगान से हो सकता है—

उत्तर के लिए कृपया पृष्ठ सं. 169 देखें।

(अ) अधिक (ब) कम

(स) समान (द) उपर्युक्त सभी

369. वर्तमान में व्यवहार में भूमि के प्रयोग के बदले में जो भुगतान किया जाता है, वह क्या कहलाता है?

(अ) ठेका लगान (ब) आर्थिक लगान

(स) कुल लगान (द) सीमांत लगान

370. "लगान भूमि की उपज का वह भाग है, जो भू-स्वामी को भूमि की मौलिक व अविनाशी शक्तियों के प्रयोग के लिए दिया जाता है?" यह किसका कथन है?

(अ) प्रो. मार्शल (ब) रिकॉर्डो

(स) प्रो. बोल्डिंग (द) सीनियर

371. रिकॉर्डो के लगान सिद्धांत के अनुसार इनमें से कौन सा कथन गलत है?

(अ) लगान विस्तृत एवं गहन कृषि—दोनों पर प्राप्त होता है।

(ब) लगान भूमि की मौलिक व अविनाशी शक्तियों के प्रयोग का प्रतिफल है।

(स) सीमांत भूमि लगानरहित भूमि होती है।

(द) लगान भूमि की उदारता का प्रतिफल है।

372. रिकॉर्डो के अनुसार गहन कृषि में लगान उत्पन्न होने का कौन सा कारण है?

(अ) भूमि की उर्वरा-शक्ति में भिन्नता

(ब) उत्पत्ति ह्रास नियम का लागू होना

(स) उत्पत्ति वृद्धि नियम का लागू होना

(द) खाद व बीज का प्रयोग किया जाना

373. लगान के आधुनिक सिद्धांत के प्रतिपादक अर्थशास्त्री कौन हैं?

(अ) श्रीमती जॉन रोबिंसन व प्रो. बोल्डिंग

(ब) डेविड रिकॉर्डो व प्रो. मार्शल

(स) प्रो. चैपमेन व विक स्टीड

(द) प्रो. स्टिगलर व हेंग

374. लगान के आधुनिक सिद्धांतानुसार लगान प्राप्त हो सकता है?

उत्तर के लिए कृपया पृष्ठ सं. 169 देखें।

(अ) भूमि (ब) पूँजी

(स) प्रबंध (द) सभी साधनों को

375. आधुनिक सिद्धांतानुसार लगान का अर्थ क्या है?

(अ) लगान = वाास्तविक आय – विकल्प आय

(ब) लगान = वास्तविक आय + विकल्प आय

(स) लगान = विकल्प आय – वास्तविक आय

(द) लगान = विकल्प आय × वास्तविक आय

376. कपड़ा उद्योग में 2500 रुपए पानेवाला एक मजदूर वहाँ से हटा देने पर दूसरी जगह 2100 रुपए ही कमा पाता है, तो लगान कितना है?

(अ) 2500 रुपए (ब) 2100 रुपए

(स) 400 रुपए (द) 4600 रुपए

377. यदि उत्पादन के किसी साधन को वर्तमान में 800 की आय प्राप्त हो रही है, यदि उसे हटा दिया जाए तो उसे और कहीं कार्य नहीं मिल पाता है, तब लगान कितना होगा?

(अ) 800 रुपए (ब) कुछ नहीं

(स) 400 रुपए (द) 600 रुपए

378. यदि किसी साधन की पूर्ति पूर्ण लोचदार हो तो लगान कितना होगा?

(अ) कुछ नहीं (ब) संपूर्ण आय

(स) अर्ध आय (द) विकल्प आय

379. यदि उत्पादन के किसी साधन की पूर्ति पूर्ण बेलोचदार हो तो लगान कितना होगा?

(अ) शून्य (ब) संपूर्ण आय

(स) अर्ध आय (द) सीमांत आगम के बराबर

380. माँग की तुलना में भूमि की पूर्ति कम होने के कारण जो कीमत दी जाती है, उसे क्या कहा जाता है?

(अ) आर्थिक लगान (ब) ठेका लगान

(स) दुर्लभता लगान (द) कुल लगान

381. अल्पकाल में भूमि के अतिरिक्त अन्य साधनों की पूर्ति की सीमितता के कारण जो आय प्राप्त होती है, वह क्या है?

उत्तर के लिए कृपया पृष्ठ सं. 169 देखें।

(अ) आर्थिक लगान (ब) आभास लगान

(स) ठेका लगान (द) कुल लगान

382. 'आभास लगान' शब्द का प्रयोग सर्वप्रथम किसने किया था?

(अ) एडम स्मिथ (ब) प्रो. मार्शल

(स) प्रो. कीन्स (द) डेविड रिकॉर्डो

383. आधुनिक अर्थशास्त्रियों के अनुसार आभास लगान क्या है?

(अ) कुल आगम – कुल परिवर्तनशील लागत

(ब) कुल आगम – कुल लागत

(स) कुल आगम – कुल स्थायी लागत

(द) कुल आगम – सीमांत लागत

384. अल्पकाल में मकानों की माँग में वृद्धि के कारण किराया 1500 से बढ़कर 2000 रुपए हो जाता है, तो लगान क्या होगा?

(अ) 1500 रुपए (ब) 2000 रुपए

(स) 500 रुपए (द) शून्य

385. एक उद्योग के संदर्भ में कौन सा कथन सही है?

(अ) लगान कीमत को निर्धारित करता है

(ब) कीमत लगान को निर्धारित करती है

(स) दोनों एक-दूसरे को प्रभावित करते हैं

(द) लगान व कीमत में कोई संबंध नहीं है

386. यदि भूमि के चार टुकड़े A, B, C, D समान रूप से उपजाऊ हों, तो लगान क्या होगा?

(अ) शून्य (ब) धनात्मक

(स) ऋणात्मक (द) समान

387. भूमि के समान उपजाऊ होने पर भी लगान प्राप्त होने के कारणों में क्या सम्मिलित नहीं है?

(अ) गहन खेती करना (ब) दुर्लभता लगान

(स) भूमि के उपयोग में भिन्नता (द) सरकारी नीति

388. लगान उत्पन्न होने का कारण इनमें से कौन नहीं है?

(अ) भूमि के उपजाऊपन में अंतर (ब) भूमि की दुर्लभता

उत्तर के लिए कृपया पृष्ठ सं. 169-170 देखें।

(स) भूमि के प्रयोग में भिन्नता (द) भूमि की पूर्ति का लोचदार होना

389. उत्पादन के साधन के रूप में श्रम को जो प्रतिफल प्रदान किया जाता है, वह क्या कहलाता है?

(अ) लगान (ब) मजदूरी

(स) ब्याज (द) वेतन

390. श्रमिकों को कार्य के बदले में जो मौद्रिक भुगतान किया जाता है, वह क्या है?

(अ) द्रव्य मजदूरी (ब) वास्तविक मजदूरी

(स) सामाजिक मजदूरी (द) ठेका मजदूरी

391. वास्तविक मजदूरी में द्रव्य मजदूरी के अतिरिक्त निम्नलिखित में से किसे शामिल किया जाएगा?

(अ) श्रमिकों के कपड़ों पर किया गया व्यय

(ब) श्रमिकों के आवास व चिकित्सा पर किया गया व्यय

(स) श्रमिकों के बच्चों की शिक्षा हेतु किया गया व्यय

(द) श्रमिकों पर किए गए अन्य सभी व्यय को

392. निम्नलिखित में से कौन सा मजदूरी-दर को प्रभावित करनेवाला कारक नहीं है?

(अ) कार्य के घंटे (ब) श्रमिकों की पूर्ति

(स) सामान्य कीमत स्तर (द) श्रमिकों की जाति

393. जब श्रमिकों के कार्य के समय के आधार पर मजदूरी का भुगतान किया जाता है, तो इसे क्या कहा जाता है?

(अ) समयानुसार मजदूरी (ब) वास्तविक मजदूरी

(स) द्रव्य मजदूरी (द) कार्यानुसार मजदूरी

394. मजदूरों को उनके द्वारा किए गए कार्य के आधार पर मजदूरी का भुगतान करने के संदर्भ में निम्न में क्या गलत है?

(अ) कार्यक्षमता-वृद्धि एवं अधिक उत्पादन की प्रेरणा रहती है

(ब) योग्यता व कार्यक्षमता के आधार पर मजदूरी न्यायोचित है

(स) लागत कम होती है व निरीक्षण-व्यय कम होता है

(द) सामाजिक समानता का पोषक है

उत्तर के लिए कृपया पृष्ठ सं. 170 देखें।

395. मजदूरी का जीवन-निर्वाह सिद्धांत (जीवन-निर्वाह के लिए आवश्यक मजदूरी) किसने प्रतिपादित किया था ?

(अ) वाणिज्यवादियों ने (ब) प्रकृतिवादियों ने

(स) प्रतिष्ठित अर्थशास्त्रियों ने (द) परंपरावादी अर्थशास्त्रियों ने

396. 'मजदूरी का सुनहरा सिद्धांत' किस सिद्धांत को कहा गया है ?

(अ) मजदूरी का जीवन-निर्वाह सिद्धांत

(ब) मजदूरी कोष सिद्धांत

(स) मजदूरी का जीवन-स्तर सिद्धांत

(द) मजदूरी का सीमांत उत्पादकता सिद्धांत

397. मजदूरी के सीमांत उत्पादकता सिद्धांत के अनुसार मजदूरी का निर्धारण किससे होता है ?

(अ) श्रम की माँग एवं पूर्ति से

(ब) श्रम की सीमांत उत्पादकता से

(स) श्रम की औसत उत्पादकता से

(द) श्रम की जीवन-निर्वाह लागत से

398. मजदूरी के सीमांत उत्पादकता सिद्धांत की मुख्य कमी क्या है ?

(अ) सीमांत उत्पादकता को ज्ञात किया जाना कठिन है

(ब) मान्यताओं पर आधारित है

(स) एक अल्पकालीन सिद्धांत है

(द) बहुपक्षीय सिद्धांत है

399. मजदूरी का बट्टायुक्त सीमांत उत्पादकता का सिद्धांत किसने प्रतिपादित किया था ?

(अ) प्रो. टॉजिंग (ब) प्रो. मार्शल

(स) प्रो. जेवंस (द) प्रो. वाकर

400. "मजदूर जो कुछ उत्पन्न करते हैं, उसमें से ब्याज, लाभ, लगान आदि निकालने पर जो कुछ बचता है, वही मजदूरी है।"—यह कौन सा सिद्धांत है ?

(अ) मजदूरी का सीमांत उत्पादकता सिद्धांत

(ब) मजदूरी का जीवन-स्तर सिद्धांत

उत्तर के लिए कृपया पृष्ठ सं. 170 देखें।

(स) मजदूरी का अवशेषाधिकार सिद्धांत

(द) मजदूरी बट्टायुक्त सीमांत उत्पादकता का सिद्धांत

401. मजदूरी का अवशेषाधिकार का सिद्धांत किसने प्रतिपादित किया था?

(अ) प्रो. मार्शल (ब) प्रो. वाकर

(स) प्रो. जेवंस (द) प्रो. टॉजिंग

402. आधुनिक सिद्धांत के अनुसार मजदूरी का निर्धारण किससे होता है?

(अ) श्रम की सीमांत उत्पादकता से

(ब) श्रम की जीवन-निर्वाह लागत से

(स) श्रम की औसत उत्पादकता से

(द) श्रम की माँग एवं पूर्ति से

403. श्रम की माँग एवं मजदूरी-दर से कैसा संबंध पाया जाता है?

(अ) धनात्मक (ब) ऋणात्मक

(स) शून्य (द) रेखीय

404. अन्य बातें समान रहने पर मजदूरी-दर में वृद्धि से श्रम की पूर्ति भी बढ़ती है। अत: मजदूरी दर व श्रम की पूर्ति के बीच कैसा वक्र बनेगा?

(अ) धनात्मक (ब) ऋणात्मक

(स) क्षैतिज (द) लंबवत्

405. यदि श्रमिकों की पूर्ति माँग की तुलना में अधिक होती है, तो मजदूरी-दर कैसी होगी?

(अ) बढ़ेगी (ब) स्थिर रहेगी

(स) घटेगी (द) पहले बढ़ेगी फिर घटेगी

406. मजदूरी दर के लगातार बढ़ने पर श्रम के पूर्ति वक्र का आकार किस प्रकार का होता है? (यदि y अक्ष पर मजदूरी दर व x अक्ष पर श्रम की पूर्ति को लिया जाए)

(अ) धनात्मक ढालयुक्त (ब) ऋणात्मक ढालयुक्त

(स) y अक्ष की ओर झुकता हुआ (द) x अक्ष की ओर झुकता हुआ

407. पूर्ण प्रतियोगिता की स्थिति में मजदूरी-दर का निर्धारण कैसे होता है?

(अ) श्रम की सीमांत उत्पादकता से

(ब) श्रम की माँग एवं पूर्ति से

उत्तर के लिए कृपया पृष्ठ सं. 170 देखें।

(स) श्रम की औसत व सीमांत उत्पादकता के कारक-बिंदु से
(द) श्रम-संघ व उद्योगपतियों के मध्य समझौते से

408. पूर्ण प्रतियोगिता में श्रम की माँग का संतुलन उस बिंदु पर होगा, जहाँ उसकी सीमांत उत्पादकता—

(अ) मजदूरी दर के बराबर हो (ब) मजदूरी दर से कम हो
(स) शून्य हो (द) मजदूरी दर से अधिक हो

409. पूर्ण प्रतियोगिता की स्थिति में दीर्घकाल में मजदूरी दर का संतुलन कैसा होता है?

(अ) MW > MRP > ARP (ब) MW < ARP < MRP
(स) MW = ARP = MRP (द) MW > ARP < MRP

(MW = सीमांत मजदूरी, ARP = औसत आगम उत्पादकता, MRP = सीमांत आगम उत्पादकता)

410. अपूर्ण प्रतिस्पर्धा में मजदूरी दर के निर्धारण के संदर्भ में निम्नलिखित में से कौन सा कथन सत्य है?

(अ) इसमें श्रम का शोषण होता है
(ब) सीमांत उत्पादकता के बराबर मजदूरी मिलती है
(स) सीमांत उत्पादकता से अधिक मजदूरी मिलती है
(द) मजदूरी औसत आय उत्पाद से अधिक होती है

411. निम्नलिखित में से एक श्रमिक का किस दशा में सर्वाधिक शोषण होता है?

(अ) जब नियोक्ता सभी श्रमिकों को बराबर मजदूरी देता है
(ब) जब नियोक्ता क्रेता एकाधिकारी होता है
(स) जब श्रमिक को सीमांत उत्पादकता से कम मजदूरी देता है
(द) जब श्रम-संघ कमजोर होता है

412. राष्ट्रीय आय का वह भाग, जो पूँजीपतियों को पूँजी के प्रयोग के बदले दिया जाता है, क्या कहलाता है?

(अ) लगान (ब) मजदूरी
(स) लाभ (द) ब्याज

413. जब ऋण इस प्रकार का हो, जिसमें जोखिम, असुविधा व प्रबंध की आवश्यकता न हो, तो प्राप्त ब्याज को क्या कहा जाता है?

उत्तर के लिए कृपया पृष्ठ सं. 170 देखें।

(अ) शुद्ध ब्याज (ब) कुल ब्याज

(स) सकल ब्याज (द) व्यावसायिक ब्याज

414. यदि पूँजी के ब्याज के अतिरिक्त जोखिम, असुविधा, प्रबंध आदि का खर्च भी लिया जाता है, तो उसे क्या कहा जाता है?

(अ) शुद्ध ब्याज (ब) कुल ब्याज

(स) निवल ब्याज (द) असल ब्याज

415. "ब्याज एक निश्चित अवधि के लिए द्रव्य की तरलता के परित्याग का पुरस्कार है।"—यह कथन किसका है?

(अ) प्रो. सैलिंग मैन (ब) प्रो. मार्शल

(स) प्रो. विक्सैल (द) प्रो. कीन्स

416. आर्थिक प्रगति एवं ब्याज दर में किस प्रकार का संबंध पाया जाता है?

(अ) समानांतर (ब) लंबवत्

(स) ऋणात्मक (द) धनात्मक

417. ब्याज लेने के पक्ष में इनमें से कौन सा तर्क दिया जा सकता है?

(अ) यह बचत के लिए प्रेरणास्रोत का कार्य करता है

(ब) पूँजी के वितरण व राशनिंग का कार्य करता है

(स) यह पूँजीगत वस्तुओं की माँग को उचित सीमाओं के अंतर्गत नियंत्रित करता है

(द) उपर्युक्त सभी

418. "ब्याज पूँजी के वर्तमान प्रयोग को भविष्य के लिए त्याग करने का पुरस्कार है।" यह सिद्धांत है—

(अ) ब्याज का प्रतीक्षा सिद्धांत

(ब) ब्याज का समयपसंदगी सिद्धांत

(स) ब्याज का सीमांत उत्पादकता का सिद्धांत

(द) ब्याज का प्रतिष्ठित सिद्धांत

419. ब्याज के सीमांत उत्पादकता सिद्धांत के प्रतिपादक अर्थशास्त्री कौन थे?

(अ) प्रो. हिक्स, रिचर्ड जोंस, काम्टे

(ब) एडम स्मिथ, जेवंस, वाकर

(स) रोबिंस, लरनर, एरिकरोल

उत्तर के लिए कृपया पृष्ठ सं. 170 देखें।

(द) माल्थस, जे.बी. से, केरे

420. प्रतिष्ठित अर्थशास्त्रियों के अनुसार ब्याज-दर का निर्धारण किस आधार पर होता है?

(अ) पूँजी की सीमांत उत्पादकता के आधार पर

(ब) पूँजी की माँग एवं पूर्ति के आधार पर

(स) द्रव्य की तरलतापसंदगी के आधार पर

(द) उधार देने के लिए रखी पूँजी के आधार पर

421. ब्याज का प्रसिद्ध 'तरलतापसंदगी सिद्धांत' किसने प्रतिपादित किया था?

(अ) प्रो. जे.एम. कीन्स (ब) प्रो. मार्शल

(स) प्रो. जेवंस (द) प्रो. सी.एस. बरला

422. केंज के अनुसार व्यक्ति द्वारा मुद्रा का कुछ भाग नगद रूप में रखने के उद्देश्य में क्या सम्मिलित नहीं है?

(अ) साधारण लेन-देन करना (ब) सतर्कता उद्देश्य

(स) सट्टे का उद्देश्य (द) उधार देयं उद्देश्य

423. व्यक्ति अपने लेन-देन व सतर्कता हेतु मुद्रा की मात्रा अपने पास नगद रखना चाहता है; वह किस पर निर्भर करती है?

(अ) ब्याज-दर पर (ब) आय पर

(स) कीमत-स्तर पर (द) सरकारी नीति पर

424. व्यक्ति सट्टे के उद्देश्य से मुद्रा का जो भाग नगद रूप में रखता है, वह किस पर निर्भर करता है?

(अ) आय पर (ब) कीमत-स्तर पर

(स) ब्याज-दर पर (द) सरकारी नीति पर

425. केंज के अनुसार मुद्रा की पूर्ति में क्या सम्मिलित है?

(अ) कुल प्रचलित सिक्के व नोट

(ब) साख-मुद्रा की मात्रा

(स) कुल प्रचलित मुद्रा व मुद्रा की मात्रा

(द) कुल प्रचलित मुद्रा व विदेशी विनिमय कोष

426. जब ब्याज-दर इतनी कम हो जाए कि उधार दिए जानेवाले धन के जोखिम की पूर्ति भी नहीं कर सके, तो इस स्थिति को कीन्स ने क्या कहा है?

उत्तर के लिए कृपया पृष्ठ सं. 170 देखें।

(अ) तरलता-जाल (ब) उधारबंद बिंदु

(स) अल्प ब्याज-दर बिंदु (द) जोखिम ब्याज-दर बिंदु

427. ब्याज के तरलतापसंदगी सिद्धांत के अनुसार ब्याज-दर के निर्धारण में महत्त्वपूर्ण भूमिका किसकी होती है?

(अ) पूँजी की पूर्ति की (ब) पूँजी की माँग की

(स) माँग व पूर्ति—दोनों की (द) सरकारी नीति की

428. कीन्स ने अल्पकाल में मुद्रा की पूर्ति को क्या माना था?

(अ) स्थिर (ब) परिवर्तनशील

(स) उपर्युक्त दोनों (द) केंद्रीय बैंक पर निर्भर

429. ब्याज का मौद्रिक सिद्धांत कौन सा सिद्धांत कहलाता है?

(अ) ब्याज का बचत व विनियोग सिद्धांत

(ब) ब्याज का उधार देय कोष सिद्धांत

(स) ब्याज का तरलतापसंदगी सिद्धांत

(द) ब्याज का आधुनिक सिद्धांत

430. कीन्स के तरलतापसंदगी सिद्धांत में ब्याज-निर्धारण में रिज़र्व बैंक की क्या भूमिका हो सकती है?

(अ) वह विनियोगों को प्रोत्साहित कर ब्याज-दर बढ़ा सकता है

(ब) वह मुद्रा की पूर्ति बढ़ाकर ब्याज-दर कम कर सकता है

(स) वह अधिक मात्रा में नोट जारी कर मूल्य-स्तर में वृद्धि कर सकता है

(द) वह विदेशी विनिमय-दर को प्रभावित कर सकता है

431. कीन्स ने मुद्रा की माँग एवं पूर्ति तथा ब्याज दर में कैसा संबंध बताया था?

(अ) लंबवत् (ब) क्षैतिज

(स) धनात्मक (द) ऋणात्मक

432. ''ब्याज उस समस्त मुद्रा पर निर्भर है, जो बाजार में उधार लेने-देने के लिए उपलब्ध है।''—यह सिद्धांत किस रूप में जाना जाता है?

(अ) ब्याज का उधार देय कोष सिद्धांत

(ब) ब्याज का तरलतापसंदगी सिद्धांत

(स) ब्याज का सीमांत उत्पादकता सिद्धांत

(द) ब्याज का आधुनिक सिद्धांत

उत्तर के लिए कृपया पृष्ठ सं. 170-171 देखें।

433. 'ब्याज का उधार देय कोष सिद्धांत' के प्रतिपादक अर्थशास्त्री कौन हैं ?

(अ) प्रो. मार्शल (ब) विक्सेल

(स) प्रो. चेंबरलिन (द) प्रो. बेहनम

434. उधार देय कोष सिद्धांतानुसार ब्याज-दर का निर्धारण किस प्रकार होता है ?

(अ) उधार देय कोषों की तरलता पसंदगी से

(ब) उधार देय कोषों की पूर्ति मात्रा से

(स) उधार देय कोषों की माँग मात्रा से

(द) उधार देय कोषों की माँग व पूर्ति दोनों से

435. ब्याज के आधुनिक सिद्धांत के अनुसार ब्याज-निर्धारण के लिए आवश्यक तत्त्वों में क्या सम्मिलित नहीं है ?

(अ) निवेश माँग अनुसूची (ब) बचत व तरलतापसंदगी अनुसूची

(स) मुद्रा की पूर्ति की मात्रा (द) पूँजी की सीमांत उत्पादकता

436. ब्याज के आधुनिक सिद्धांत के प्रतिपादक अर्थशास्त्री कौन हैं ?

(अ) प्रो. अमर्त्य सेन (ब) प्रो. गुन्नार मिर्डल

(स) हिक्स व हेनसन (द) हैरी जी. जॉनसन

437. राष्ट्रीय आय का वह भाग, जो साहसी को उत्पादन-कार्य के प्रतिफल के रूप में मिलता है, क्या कहलाता है ?

(अ) लाभ (ब) लगान

(स) ब्याज (द) वेतन

438. लाभ को 'प्रबंध की कमाई' किस विद्वान् के द्वारा बताया गया था ?

(अ) प्रो. मार्शल (ब) प्रो. हेनरी ग्रेशन

(स) प्रो. नाइट (द) प्रो. हॉले

439. लाभ का वह अंश, जो साहसी को केवल उत्पादन प्रक्रिया में जोखिम उठाने तथा अनिश्चितता वहन करने के फलस्वरूप प्राप्त होता है, क्या कहलाता है ?

(अ) सकल लाभ (ब) कुल लाभ

(स) शुद्ध लाभ (द) एकाधिकारी लाभ

440. यदि अचानक किसी परिवर्तन के कारण साहसी को अत्यधिक लाभ प्राप्त हो जाता है, तो वह क्या कहलाता है ?

उत्तर के लिए कृपया पृष्ठ सं. 171 देखें।

(अ) एकाधिकारी लाभ (ब) आकस्मिक लाभ
(स) आर्थिक लाभ (द) शुद्ध लाभ

441. उत्पादन के क्षेत्र में अकेला होने के कारण साहसी द्वारा अर्जित अत्यधिक लाभ को क्या कहा जाता है?
(अ) आकस्मिक लाभ (ब) आर्थिक लाभ
(स) एकाधिकारी लाभ (द) शुद्ध लाभ

442. एकाधिकारी लाभ की स्थिति में AR व AC में कैसा संबंध होता है?
(अ) AR = AC (ब) AR < AC
(स) AR > AC (द) AR ≤ AC
(AR = औसत आगम, AC = औसत लागत)

443. लाभ का वह स्तर, जिसपर नए फर्मों के प्रवेश एवं पुराने फर्मों के उद्योग से निकलने की प्रवृत्ति नहीं होती, क्या कहलाता है?
(अ) एकाधिकारी लाभ (ब) सामान्य लाभ
(स) आकस्मिक लाभ (द) प्रतिस्पर्धात्मक लाभ

444. प्रो. नाइट के अनुसार, उत्पादन में ज्ञात जोखिमों का प्रतिफल सामान्य लाभ प्राप्त होता है एवं अज्ञात जोखिमों का प्रतिफल—
(अ) एकाधिकारी लाभ (ब) सामान्य लाभ
(स) असामान्य लाभ (द) कुल लाभ

445. "लाभ उद्यमकर्ता की मजदूरी है, जो उसे उसकी विशेष योग्यता तथा बुद्धिमत्ता के कारण प्राप्त होती है।" लाभ के इस सिद्धांत के प्रतिपादक कौन हैं?
(अ) प्रो. टॉजिंग (ब) प्रो. वाकर
(स) प्रो. फ्रेंच एवं नाइट (द) प्रो. मार्शल

446. लाभ के समाजवादी सिद्धांत के प्रतिपादक कौन थे?
(अ) प्रो. नाइट (ब) कार्ल मार्क्स
(स) प्रो. टॉजिंग (द) प्रो. जे.बी. क्लार्क

447. लाभ को 'जोखिम सहन करने का पुरस्कार' किसने कहा था?
(अ) प्रो. हॉले (ब) प्रो. कारवर
(स) प्रो. नाइट (द) शुंपीटर

उत्तर के लिए कृपया पृष्ठ सं. 171 देखें।

448. लाभ को 'अनिश्चितता सहन करने का पुरस्कार' किसने बतलाया था?

(अ) शुंपीटर (ब) प्रो. नाइट

(स) कार्ल मार्क्स (द) प्रो. टॉजिंग

449. प्रो. नाइट ने अनिश्चितता सहन करने के अपने सिद्धांत में जिन जोखिमों का प्रतिफल लाभ को बताया है, वे कौन हैं?

(अ) बीमा योग्य जोखिम (ब) बीमा के अयोग्य जोखिम

(स) (अ) व (ब) दोनों (द) सामान्य जोखिम

450. निम्नलिखित में से कौन सा बीमा योग्य जोखिम नहीं है?

(अ) मशीनों की घिसावट व टूट-फूट

(ब) आग या दुर्घटना

(स) बाढ़, भूकंप, अकाल

(द) व्यापार-चक्रों का जोखिम

451. निम्नलिखित में से कौन सा जोखिम बीमा योग्य है?

(अ) प्रतियोगिता का जोखिम

(ब) सरकारी नीति का जोखिम

(स) उत्पादित वस्तु चोरी या डकैती का जोखिम

(द) व्यापार-चक्रों का जोखिम

452. लाभ को 'साहसी की कीमत' माननेवाले अर्थशास्त्रियों के अनुसार लाभ का निर्धारण कैसे होता है?

(अ) साहसी की माँग एवं पूर्ति

(ब) अनिश्चितता वहन करने का पुरस्कार

(स) जोखिम सहन करने का पुरस्कार

(द) सीमांत उत्पादकता का प्रतिफल

453. आधुनिक अर्थशास्त्रियों के अनुसार लाभ का निर्धारण कैसे होता है?

(अ) साहसियों की सीमांत उत्पादकता से

(ब) नव-प्रवर्तनों एवं आविष्कारों से

(स) जोखिम एवं अनिश्चितता सहन करने से

(द) साहसियों की माँग एवं पूर्ति से

□

उत्तर के लिए कृपया पृष्ठ सं. 171 देखें।

2

समष्टि अर्थशास्त्र

समष्टि अर्थशास्त्र का अर्थ व अवधारणाएँ

454. समष्टि अर्थशास्त्र के विकास का श्रेय किसे दिया जाता है?
(अ) एडम स्मिथ (ब) जे.एम. कीन्स
(स) प्रो. मार्शल (द) जे.एस. मिल

455. सन् 1936 में प्रकाशित युगप्रर्वतक पुस्तक 'General Theory of Employment, Interest & Money' के लेखक इनमें से कौन हैं?
(अ) जे.एम. कीन्स (ब) एडम स्मिथ
(स) जे.बी. से (द) एस.ई. हैरिस

456. अर्थशास्त्र की वह शाखा, जिसमें समूहों का अध्ययन किया जाता है, क्या कहलाती है?
(अ) व्यष्टि अर्थशास्त्र (ब) लोक अर्थशास्त्र
(स) समष्टि अर्थशास्त्र (द) अंतरराष्ट्रीय अर्थशास्त्र

457. समष्टि अर्थशास्त्र के अध्ययन-क्षेत्र में क्या सम्मिलित नहीं है?
(अ) राष्ट्रीय आय का सिद्धांत (ब) रोजगार का सिद्धांत
(स) सामान्य कीमत का सिद्धांत (द) वस्तु कीमत सिद्धांत

458. ''समष्टि अर्थशास्त्र सारी अर्थव्यवस्था के कार्यकरण से संबंधित है।''— यह कथन किसका है?
(अ) प्रो. बोल्डिंग (ब) प्रो. शेपीरो
(स) प्रो. ए.पी. लरनर (द) गार्डनर ऐक्ले

उत्तर के लिए कृपया पृष्ठ सं. 171 देखें।

459. निम्नलिखित में से कौन सा अध्ययन समष्टि अर्थशास्त्र से संबंधित नहीं है ?

(अ) कीमत-स्तर (ब) अपने देश के राष्ट्रपति की आय

(स) राष्ट्रीय आय (द) बेरोजगारी

460. निम्नलिखित में से कौन सा कथन असत्य है ?

(अ) अपूर्ण रोजगार संतुलन कीन्स के सिद्धांत की महत्त्वपूर्ण देन मानी जाती है

(ब) समष्टि अर्थशास्त्र का राष्ट्रीय आय के अध्ययन में महत्त्व है

(स) वर्तमान में इसका महत्त्व घटता जा रहा है

(द) समष्टि अर्थशास्त्र एक अल्पकालीन अर्थशास्त्र है

461. समष्टि विश्लेषण की वह शाखा, जिसमें संपूर्ण अर्थव्यवस्था की अंतिम संतुलन-स्थिति का अध्ययन किया जाता है, क्या कहलाती है ?

(अ) समष्टि आर्थिक स्थैतिकी (ब) समष्टि तुलनात्मक स्थैतिकी

(स) समष्टि प्रावैगिकी (द) अंतिम संतुलन स्थैतिकी

462. समीकरण Y = C + I बतलाता है—

(अ) समष्टि स्थैतिकी (ब) समष्टि प्रावैगिकी

(स) आर्थिक असंतुलन (द) समष्टि तुलनात्मक स्थैतिकी

463. समष्टि विश्लेषण की वह शाखा, जिसमें दो संतुलन-स्थितियों की तुलना की जाती है, क्या कहलाती है ?

(अ) समष्टि स्थैतिकी (ब) समष्टि प्रावैगिकी

(स) आर्थिक तुलना (द) समष्टि तुलनात्मक स्थैतिकी

464. समष्टि अर्थशास्त्र की वह शाखा, जिसमें परिवर्तनों के साथ उनकी प्रक्रियाओं का भी अध्ययन किया जाता है, क्या कहलाती है ?

(अ) समष्टि स्थैतिकी (ब) समष्टि तुलनात्मक स्थैतिकी

(स) समष्टि प्रावैगिकी (द) आर्थिक संतुलन स्थैतिकी

465. वर्तमान में निम्नलिखित में से किस शाखा का महत्त्व बढ़ता जा रहा है ?

(अ) समष्टि स्थैतिकी (ब) समष्टि प्रावैगिकी

(स) समष्टि तुलनात्मक स्थैतिकी (द) समष्टि आर्थिक संतुलन

466. वह मात्रा या माप, जिसका मूल्य बदल सकता है, क्या कहलाता है ?

(अ) परिवर्तनशील मूल्य (ब) परिवर्तनशील माप

उत्तर के लिए कृपया पृष्ठ सं. 171 देखें।

(स) आर्थिक चर (द) आंतरिक चर

467. वे चर, जिनका मूल्य मॉडल से ज्ञात हो सकता है, क्या कहलाते हैं?

(अ) बाहरी चर (ब) आंतरिक चर

(स) आश्रित चर (द) स्वतंत्र चर

468. किसी वस्तु पर लगनेवाले कर की मात्रा क्या है?

(अ) आंतरिक चर (ब) आश्रित चर

(स) बाहरी चर (द) स्वतंत्र चर

469. उत्पादन पर होनेवाले लाभ की मात्रा क्या है?

(अ) आंतरिक चर (ब) बाहरी चर

(स) आश्रित चर (द) स्वतंत्र चर

470. कोई भी मात्रा या मूल्य, जो स्थिर रहता है, अर्थात् जिसमें कोई परिवर्तन नहीं होता, क्या कहलाता है?

(अ) चर (ब) अचर

(स) आर्थिक चर (द) बाहरी चर

471. मुद्रा, वस्तुओं व सेवाओं की वह मात्रा, जो व्यक्ति, फर्म या अर्थव्यवस्था एक दी हुई अवधि में प्राप्त करती है, क्या कहलाती है?

(अ) मुद्रा (ब) वस्तु की मात्रा

(स) आय (द) लाभ

472. वह आय, जो उत्पादन के साधनों के स्वामियों को उनके द्वारा प्रदान की गई सेवाओं के बदले प्राप्त होती है, क्या कहलाती है?

(अ) साधन आय (ब) वास्तविक आय

(स) मौद्रिक आय (द) हस्तांतरण आय

473. उत्पादन के साधन का उसकी सेवा के बदले में जो मौद्रिक भुगतान किया जाता है व सुविधाएँ प्रदान की जाती हैं, उसे क्या कहा जाता है?

(अ) मौद्रिक आय (ब) हस्तांतरण आय

(स) विकल्प आय (द) वास्तविक आय

474. वह आय, जिसका उपभोग उपभोक्ता अपने धन को पूरी तरह सुरक्षित रखते हुए कर सकता है, क्या कहलाती है?

(अ) अस्थायी आय (ब) स्थायी आय

उत्तर के लिए कृपया पृष्ठ सं. 171 देखें।

(स) वास्तविक आय (द) साधन आय

475. उत्पादन का वह भाग, जो उत्पादक स्वयं उपभोग हेतु रख लेता है, क्या कहलाता है?

(अ) स्वलेखा उत्पाद (ब) घरेलू उत्पाद

(स) पारिवारिक उपभोग उत्पाद (द) मध्यवर्ती उत्पाद

476. ऐसे उत्पाद, जिनकी पुनः बिक्री नहीं की जाती है, क्या कहलाते हैं?

(अ) अंतिम पदार्थ (ब) अंतिम उपभोग उत्पाद

(स) उपभोग पदार्थ (द) मध्यवर्ती पदार्थ

477. किसी उत्पादन का मौद्रिक मूल्य कैसे ज्ञात किया जा सकता है?

(अ) उत्पादन की मात्रा से

(ब) उत्पादन की कीमत से

(स) मात्रा व कीमत के गुणनफल से

(द) उत्पादन की माँग से

478. रोजगार की वह अवस्था, जिसमें प्रचलित मजदूरी-दर पर काम करने के इच्छुक सभी व्यक्तियों को कार्य मिल जाता है, क्या कहलाती है?

(अ) इच्छित रोजगार (ब) अल्प रोजगार

(स) कार्यशील रोजगार (द) पूर्ण रोजगार

479. उत्पादन की तकनीक में परिवर्तन होने के कारण जो बेरोजगारी उत्पन्न होती है, कहलाती है—

(अ) संघर्षात्मक बेरोजगारी (ब) संरचनात्मक बेरोजगारी

(स) तकनीकी बेरोजगारी (द) मौसमी बेरोजगारी

480. एक एम.ए. पास व्यक्ति को रिक्शा खींचने का कार्य करना पड़े, तो यह कौन-सी बेरोजगारी कहलाती है?

(अ) दृश्य अल्परोजगार (ब) अदृश्य अल्परोजगार

(स) तकनीकी अल्परोजगार (द) मौसमी अल्परोजगार

राष्ट्रीय आय का अर्थ व माप

481. किसी राष्ट्र के निवासियों की एक वर्ष की अवधि के दौरान उत्पादक सेवाओं के फलस्वरूप प्राप्त होनेवाली आय का योग क्या कहलाता है?

उत्तर के लिए कृपया पृष्ठ सं. 171-172 देखें।

(अ) सामूहिक आय (ब) राष्ट्रीय आय

(स) राष्ट्रीय उत्पादन (द) सेवाओं की आय

482. अंतिम वस्तुओं एवं सेवाओं का वह प्रवाह, जो एक वर्ष की अवधि में एक राष्ट्र में उत्पादित होता है, क्या कहलाता है?

(अ) राष्ट्रीय आय (ब) भौतिक आय

(स) अभौतिक आय (द) सेवा-उत्पाद

483. राष्ट्रीय आय को मापने का उत्पादक दृष्टिकोण किसने दिया है?

(अ) प्रो. पीगू (ब) प्रो. मार्शल

(स) प्रो. साइमन कुजनेट्स (द) प्रो. फिशर

484. मार्शल ने अपने दृष्टिकोण में किस उत्पादन को शामिल किया है?

(अ) भौतिक उत्पादन

(ब) अभौतिक उत्पादन

(स) भौतिक व अभौतिक—दोनों उत्पादन को

(द) सेवा उत्पादन

485. सामान्यत: राष्ट्रीय आय की गणना कब होती है?

(अ) मासिक (ब) त्रैमासिक

(स) वार्षिक (द) पंचवर्षीय

486. राष्ट्रीय आय को मापने का मौद्रिक दृष्टिकोण किसने प्रतिपादित किया था?

(अ) प्रो. पीगू (ब) प्रो. मार्शल

(स) प्रो. फिशर (द) प्रो. साइमन कुजनेट्स

487. पीगू के अनुसार, इनमें से कौन सी क्रिया राष्ट्रीय आय में शामिल होगी?

(अ) डॉक्टर द्वारा रोगी का इलाज करना

(ब) अध्यापक द्वारा अपने बच्चे को पढ़ाना

(स) गृहिणी द्वारा बच्चों की देखभाल करना

(द) किसान द्वारा स्वयं के उपभोग हेतु अनाज रखना

488. यदि एक व्यक्ति अपनी नौकरानी से शादी कर लेता है, तो शादी के पश्चात् राष्ट्रीय आय में उसकी सेवाएँ क्या होंगी?

(अ) शामिल होंगी

(ब) शामिल नहीं होंगी

उत्तर के लिए कृपया पृष्ठ सं. 172 देखें।

(स) हो भी सकती हैं और नहीं भी

(द) वही शामिल होगी जो पहले से करती थी

489. राष्ट्रीय आय को मापने का उपभोग-प्रधान दृष्टिकोण किसने दिया?

(अ) प्रो. मार्शल (ब) प्रो. पीगू

(स) प्रो. साइमन कुजनेट्स (द) प्रो. फीशर

490. किसी अर्थव्यवस्था में जो भी अंतिम पदार्थ व सेवाएँ एक वर्ष की अवधि में उत्पन्न की जाती हैं, क्या कहलाती हैं?

(अ) शुद्ध राष्ट्रीय उत्पाद (ब) राष्ट्रीय उत्पाद

(स) सकल राष्ट्रीय उत्पाद (द) राष्ट्रीय उत्पाद

491. सकल राष्ट्रीय उत्पाद से शुद्ध राष्ट्रीय उत्पाद प्राप्त करने के लिए क्या घटाया जाता है?

(अ) अप्रत्यक्ष कर (ब) मूल्यह्रास

(स) अनुदान (द) विदेशी शुद्ध आय

492. सकल राष्ट्रीय आय की विशेषताओं में क्या शामिल नहीं है?

(अ) अंतिम वस्तुओं व सेवाओं के बाजार-मूल्य का योग

(ब) केवल आर्थिक क्रियाओं का ही समावेश

(स) केवल एक वर्ष के दौरान उत्पादित वस्तुओं व सेवाओं की गणना

(द) सभी प्रकार की आय को शामिल किया जाता है

493. व्यय दृष्टिकोण के आधार पर सकल राष्ट्रीय आय की गणना कैसे की जाती है?

(अ) $GNE = C + I + G + X - M$

(ब) $GNE = C + I + G + X + M$

(स) $GNE = C + I + G + M - X$

(द) $GNE = C - I + G + X - M$

(GNE = सकल राष्ट्रीय व्यय, C = निजी उपभोग व्यय, I = कुल निवेश, G = सकल सरकारी व्यय, X = निर्यात, M = आयात)।

494. साधन लागत पर सकल राष्ट्रीय उत्पाद (GNP) कैसे ज्ञात किया जाता है?

(अ) $GNP_{FC} = GNP_{MP}$ + अनुदान

(ब) $GNP_{FC} = GNP_{MP}$ − अप्रत्यक्ष कर + अनुदान

उत्तर के लिए कृपया पृष्ठ सं. 172 देखें।

(स) $GNP_{FC} = GNP_{MP}$ + अप्रत्यक्ष कर − अनुदान

(द) $GNP_{FC} = GNP_{MP}$ + अप्रत्यक्ष कर + अनुदान

(GNP_{FC} = साधन लागत पर सकल राष्ट्रीय उत्पाद, GNP_{MP} = बाजार-मूल्य पर सकल राष्ट्रीय उत्पाद)

495. राष्ट्रीय आय (NI) क्या होती है?

(अ) बाजार-मूल्य पर शुद्ध राष्ट्रीय उत्पाद

(ब) बाजार-मूल्य पर सकल राष्ट्रीय उत्पाद

(स) साधन-लागत पर शुद्ध राष्ट्रीय उत्पाद

(द) साधन-लागत पर शुद्ध राष्ट्रीय उत्पाद

496. व्यक्ति की खर्च-योग्य आय कैसे ज्ञात की जाती है?

(अ) व्यक्तिगत आय − अप्रत्यक्ष कर

(ब) व्यक्तिगत आय − अप्रत्यक्ष कर − फीस

(स) व्यक्तिगत आय − प्रत्यक्ष कर − फीस व जुर्माने

(द) व्यक्तिगत आय − प्रत्यक्ष कर + अनुदान

497. खर्च योग्य आय का समीकरण क्या है?

(अ) उपभोग + बचत (ब) उपभोग − बचत

(स) आय − उपभोग (द) आय − बचत

498. राष्ट्रीय आय की गणना करने की मुख्य विधियों की संख्या कितनी है?

(अ) चार (ब) पाँच

(स) छह (द) तीन

499. प्रति व्यक्ति आय की गणना कैसे की जाती है?

(अ) $\frac{\text{जनसंख्या}}{\text{राष्ट्रीय आय}}$ (ब) $\frac{\text{राष्ट्रीय आय}}{\text{जनसंख्या}}$

(स) $\frac{\text{प्रत्येक व्यक्ति की आय}}{\text{जनसंख्या}}$ (द) $\frac{\text{शुद्ध राष्ट्रीय आय}}{\text{जनसंख्या}}$

500. लाभ का वह हिस्सा, जो हिस्सेदारों को न देकर निगम या उद्यमीं स्वयं रख लेता है, क्या कहलाता है?

(अ) असामान्य लाभ (ब) छिपा हुआ लाभ

(स) अवितरित लाभ (द) अप्रत्याशित लाभ

उत्तर के लिए कृपया पृष्ठ सं. 172 देखें।

501. लाभ का वह हिस्सा, जो अंशधारकों (शेयर रखनेवालों) में बाँट दिया जाता है, क्या कहलाता है?

(अ) सामान्य लाभ (ब) लाभांश

(स) अप्रत्याशित लाभ (द) अवितरित लाभ

502. पानवाला, रिक्शाचालक आदि की आय को क्या कहा जाता है?

(अ) वेतन (ब) लाभ

(स) स्वरोजगारों की आय (द) मजदूरी

503. वह क्षेत्र, जिसमें प्राकृतिक साधनों का प्रयोग करके वस्तुओं का उत्पादन किया जाता है, क्या कहलाता है?

(अ) प्राथमिक क्षेत्र (ब) द्वितीयक क्षेत्र

(स) तृतीयक क्षेत्र (द) सेवा क्षेत्र

504. मछली पालन व्यवसाय क्या है?

(अ) सेवा क्षेत्र (ब) प्राथमिक क्षेत्र

(स) द्वितीयक क्षेत्र (द) तृतीयक क्षेत्र

505. बीमा, परिवहन, संचार आदि सेवाओं को किसमें सम्मिलित किया जाता है?

(अ) प्राथमिक क्षेत्र (ब) द्वितीयक क्षेत्र

(स) तृतीयक क्षेत्र (द) चतुर्थ क्षेत्र

506. राष्ट्रीय आय की गणना करने के लिए किस प्रकार के उत्पादनों की जानकारी आवश्यक है?

(अ) कच्चा माल (ब) मध्यवर्ती पदार्थ

(स) अंतिम वस्तुएँ व सेवाएँ (द) प्राकृतिक पदार्थ

507. सकल राष्ट्रीय उत्पाद (GNP) व सकल घरेलू उत्पाद (GDP) में क्या अंतर होता है?

(अ) प्रत्यक्ष व अप्रत्यक्ष करों का

(ब) विदेशों से प्राप्त साधन आय का

(स) विदेशी अनुदान व सहायता का

(द) कोई अंतर नहीं होता है

508. निम्नलिखित में से अनमेल जोड़े को छाँटिए—

उत्तर के लिए कृपया पृष्ठ सं. 172 देखें।

(अ) GNP = C + I + G + X – M

(ब) DPI = PY – TD – F & F

(स) NNPmp = NNPFC + Ti – Sg

(द) NY = NNPmp

(DPI = खर्च योग्य आय, PY = व्यक्तिगत आय, F & F = फीस व जुर्माना, TD = प्रत्यक्ष कर, Ti = अप्रत्यक्ष कर, Sg = अनुदान)

509. निम्नलिखित में से कौन सा मद राष्ट्रीय आय का हिस्सा है, परंतु व्यक्तिगत आय का नहीं?

(अ) मजदूरी व वेतन (ब) स्वरोजगारों की आय

(स) लगान व लाभ (द) सामाजिक सुरक्षा अंशदान

510. निम्नलिखित में से कौन सा मद व्यक्तिगत आय का हिस्सा है, परंतु राष्ट्रीय आय का नहीं?

(अ) पेंशन व हस्तांतरण भुगतान

(ब) अवितरित लाभ

(स) स्वरोजगारों की आय

(द) सामाजिक सुरक्षा अंशदान

511. वर्तमान में जीवन-स्तर के अनुमान का आधार क्या है?

(अ) राष्ट्रीय आय

(ब) प्रति व्यक्ति आय

(स) उपभोग्य वस्तुओं की उपलब्धता

(द) तकनीकी ज्ञान का स्तर

512. किसी देश के आर्थिक विकास की गणना का आधार क्या है?

(अ) वास्तविक राष्ट्रीय आय में वृद्धि होना

(ब) प्रति व्यक्ति आय में वृद्धि होना

(स) (अ) व (ब) दोनों

(द) जनसंख्या में वृद्धि होना

513. किसी देश में स्थिर कीमतों पर राष्ट्रीय आय 10 प्रतिशत बढ़ती है और कीमतें भी 10 प्रतिशत बढ़ती हैं। यदि जनसंख्या वृद्धि दर 5 प्रतिशत हो तो वास्तविक प्रति व्यक्ति आय में क्या परिवर्तन होगा?

उत्तर के लिए कृपया पृष्ठ सं. 172 देखें।

(अ) 10 प्रतिशत वृद्धि (ब) 10 प्रतिशत कमी
(स) 5 प्रतिशत वृद्धि (द) 5 प्रतिशत कमी

514. वास्तविक राष्ट्रीय आय में वृद्धि होने पर आर्थिक कल्याण पर क्या प्रभाव पड़ेगा?
(अ) बढ़ेगा (ब) घटेगा
(स) स्थिर रहेगा (द) कुछ कहा नहीं जा सकता

515. यदि प्रति व्यक्ति आय में वृद्धि होती है तो आर्थिक कल्याण में क्या होगा?
(अ) वृद्धि होगी (ब) कमी होगी
(स) स्थिरता रहेगी (द) अनिश्चित

516. यदि प्रति व्यक्ति आय में हुई वृद्धि के फलस्वरूप व्यक्ति उत्तम वस्तुओं पर किए जानेवाले खर्च में वृद्धि करते हैं, तो आर्थिक कल्याण में क्या होगा?
(अ) वृद्धि होगी (ब) कमी होगी
(स) स्थिरता रहेगी (द) इनमें से कोई नहीं

517. यदि श्रमिकों के कार्य के घंटों में वृद्धि के कारण राष्ट्रीय आय में वृद्धि होती है, तो आर्थिक कल्याण कैसा होगा?
(अ) बढ़ेगा (ब) घटेगा
(स) स्थिर रहेगा (द) अनिश्चित

518. यदि राष्ट्रीय आय में वृद्धि श्रमिकों के स्थान पर मशीनों के बढ़ते प्रयोग के कारण होती है तो आर्थिक कल्याण पर कैसा प्रभाव पड़ेगा?
(अ) स्थिर रहेगा (ब) घटेगा
(स) बढ़ेगा (द) घटेगा या बढ़ेगा

519. राष्ट्रीय आय लेखांकन के विकास का श्रेय किसे दिया जाता है?
(अ) रिचर्ड स्टोन (ब) मौरिस कोपलैंड
(स) गार्डनर ऐक्ले (द) जे.एम. कीन्स

520. राष्ट्रीय आय लेखांकन में कुल कितने लेखे बनाए जाते हैं?
(अ) चार (ब) पाँच
(स) छह (द) दस

521. राष्ट्रीय आय का कौन सा लेखा व्यावसायिक क्षेत्र से संबंधित होता है?
(अ) पारिवारिक लेखा (ब) उत्पादन लेखा

उत्तर के लिए कृपया पृष्ठ सं. 172 देखें।

(स) पूँजीगत लेखा (द) विदेश-व्यापार लेखा

522. किस लेखे को कुल बचत एवं निवेश लेखा भी कहा जाता है?

(अ) उत्पादन लेखा (ब) सरकारी लेखा

(स) पूँजीगत लेखा (द) पारिवारिक या उपभोग लेखा

523. करारोपण से प्राप्त होनेवाली सभी आय किस लेखे में जुड़ती है?

(अ) उत्पादन लेखा (ब) सरकारी लेखा

(स) पारिवारिक लेखा (द) विदेश-व्यापार लेखा

524. राष्ट्रीय आय लेखांकन के संदर्भ में निम्नलिखित में से कौन सा कथन असत्य है?

(अ) यह अर्थव्यवस्था के ढाँचे को समझने में उपयोगी है

(ब) यह राष्ट्रीय आय की विभिन्न धारणाओं को स्पष्ट करने में सहायक है

(स) यह भुगतानों का पूर्ण लेखा है

(द) इसमें विभिन्न क्षेत्रों में परस्पर संबंधों की जानकारी होती है

उत्पादन व रोजगार के सिद्धांत

525. "पूर्ति अपनी माँग स्वयं उत्पन्न कर लेती है। इस कारण अर्थव्यवस्था में अति उत्पादन की समस्या उत्पन्न नहीं होती है।" यह किसका विचार है?

(अ) जे.बी. से (ब) जे.एम. कीन्स

(स) साइमन कुजनेट्स (द) जॉन स्टुअर्ट मिल

526. प्रतिष्ठित अर्थशास्त्रियों के मतानुसार रोजगार का निर्धारण कैसे होता है?

(अ) मजदूरी-दर के आधार पर (ब) श्रम की माँग की दर एवं पूर्ति से

(स) मजदूरी कोष से (द) श्रम की जीवन-निर्वाह लागत से

527. प्रतिष्ठित अर्थशास्त्रियों के सिद्धांतों की मूलभूत मान्यताओं में निम्नलिखित में से क्या सम्मिलित नहीं है?

(अ) अर्थव्यवस्था में पूर्ण रोजगार व पूर्ण प्रतियोगिता विद्यमान रहती है

(ब) अर्थव्यवस्था स्वतंत्र होती है व अति उत्पादन संभव नहीं है

(स) मजदूरी दरों व कीमत में लोचशीलता होती है

(द) उत्पादन में वर्द्धमान प्रतिफल का नियम लागू होता है?

528. प्रो. फिशर ने मुद्रा की मात्रा व कीमत-स्तर में कैसा संबंध बतलाया था?

उत्तर के लिए कृपया पृष्ठ सं. 172-173 देखें।

(अ) ऋणात्मक (ब) धनात्मक

(स) लंबवत् (द) क्षैतिज

529. फिशर ने अपने मुद्रा–परिमाण सिद्धांत में कीमत स्तर के निर्धारण में महत्त्वपूर्ण भूमिका किसकी मानी है ?

(अ) मुद्रा की पूर्ति की

(ब) मुद्रा की माँग की

(स) वस्तुओं व सेवाओं की पूर्ति की

(द) वस्तुओं व सेवाओं की माँग की

530. मुद्रा के मूल्य व कीमत–स्तर में कैसा संबंध होता है ?

(अ) धनात्मक (ब) ऋणात्मक

(स) क्षैतिज (द) लंबवत्

531. प्रतिष्ठित अर्थशास्त्रियों के अनुसार वास्तविक मज़दूरी–दर व श्रम की माँग में कैसा संबंध होता है ?

(अ) ऋणात्मक (ब) धनात्मक

(स) लंबवत् (द) क्षैतिज

532. यदि मुद्रा की पूर्ति में वृद्धि होती है तो प्रतिष्ठित सिद्धांत के अनुसार निम्नलिखित में से कौन सी घटना घटेगी ?

(अ) श्रमिकों की वास्तविक मजदूरी में वृद्धि होगी

(ब) श्रमिकों की मौद्रिक मजदूरी में वृद्धि होगी

(स) उत्पादन की मात्रा में वृद्धि होगी

(द) उत्पादन की मात्रा में कमी होगी

533. क्लासिकल (प्रतिष्ठित) मॉडल में यदि श्रम की पूर्ति बढ़ जाती है, तो इसका प्रभाव कैसा होगा ?

(अ) श्रम की मौद्रिक मजदूरी बढ़ जाएगी

(ब) श्रम की वास्तविक मजदूरी कम हो जाएगी

(स) श्रम की वास्तविक मजदूरी बढ़ जाएगी

(द) कुल उत्पादन में कमी होगी

534. यदि क्लासिकल मॉडल में श्रम की माँग बढ़ती है तो इसका कौन सा प्रभाव नहीं होगा ?

उत्तर के लिए कृपया पृष्ठ सं. 173 देखें।

(अ) वास्तविक मजदूरी-दर में वृद्धि होगी
(ब) मौद्रिक मजदूरी-दर में वृद्धि होगी
(स) उत्पादन की मात्रा में वृद्धि होगी
(द) मौद्रिक मजदूरी-दर में कमी

535. यदि मुद्रा की पूर्ति में वृद्धि होती है तो इसका प्रभाव क्या होगा?
(अ) श्रम की वास्तविक मजदूरी में वृद्धि होगी
(ब) श्रम की वास्तविक मजदूरी स्थिर रहेगी
(स) श्रम की मौद्रिक मजदूरी में वृद्धि होगी
(द) श्रम की मौद्रिक मजदूरी में कमी होगी

536. यदि क्लासिकल मॉडल में कठोर मजदूरी-नीति का पालन हो तो क्या होगा?
(अ) वास्तविक मजदूरी-दर बढ़ेगी
(ब) मौद्रिक मजदूरी-दर में वृद्धि होगी
(स) मुद्रा की पूर्ति स्थिर रहेगी
(द) मौद्रिक मजदूरी-दर में कमी होगी

537. 'रोजगार के प्रतिष्ठित सिद्धांत' की आलोचना का आधार क्या है?
(अ) जे.बी. से का बाजार-नियम दोषपूर्ण है
(ब) पूर्ण रोजगार व पूर्ण प्रतियोगिता नहीं पाई जाती है
(स) मौद्रिक व राजकोषीय नीति के महत्त्व की उपेक्षा की गई है
(द) उपर्युक्त सभी

538. कीन्स के किस सिद्धांत को 'राष्ट्रीय आय के निर्धारक सिद्धांत' की संज्ञा दी गई है?
(अ) मुद्रा परिमाण सिद्धांत को
(ब) रोजगार के सिद्धांत को
(स) ब्याज-दर निर्धारण के सिद्धांत को
(द) उपभोग-फलन के सिद्धांत को

539. कीन्स के अनुसार रोजगार का निर्धारण कैसे होता है?
(अ) श्रम की माँग एवं पूर्ति
(ब) समस्त माँग व पूर्ति के साम्य पर

उत्तर के लिए कृपया पृष्ठ सं. 173 देखें।

(स) अर्थव्यवस्था में सदैव ही पूर्ण रोजगार की स्थिति रहती है
(द) कठोर मजदूरी नीति के पालन से

540. कीन्स के रोजगार सिद्धांत में समस्त पूर्ति की संज्ञा किसे दी गई है?
(अ) अर्थव्यवस्था की कुल पूर्ति (ब) उत्पादन की कुल लागत
(स) वस्तुओं व सेवाओं की मात्रा (द) उत्पादन की सीमांत लागत

541. कीन्स के रोजगार सिद्धांत के संदर्भ में निम्नलिखित में से क्या असत्य है?
(अ) रोजगार का संतुलन पूर्ण रोजगार स्तर पर ही संभव है
(ब) रोजगार की मात्रा समस्त माँग एवं पूर्ति के साम्य पर होती है
(स) समस्त माँग की मात्रा उपभोग-फलन व निवेश-फलन पर निर्भर करती है
(द) कुल-पूर्ति क्रिया की अल्पकाल में स्थिरता

542. कीन्स ने अपने सिद्धांत में निवेश माँग को किसमें विभाजित किया है?
(अ) पूँजी की सीमांत दक्षता व ब्याज-दर में
(ब) तरलतापसंदगी व मुद्रा की मात्रा में
(स) आय के आकार व उपभोग-प्रवृत्ति में
(द) पूँजीगत परिसंपत्ति की कीमत व संभावित आय में

543. कीन्स ने अपने रोजगार सिद्धांत में किसे महत्त्व प्रदान नहीं किया है?
(अ) अपूर्ण रोजगार (ब) समस्त माँग
(स) पूर्ण रोजगार (द) समस्त पूर्ति

544. कीन्स के रोजगार सिद्धांत को 'मंदी का अर्थशास्त्र' कहकर आलोचना क्यों की जाती है?
(अ) इसमें अल्प रोजगार संतुलन की बात की गई है
(ब) यह एक सामान्य सिद्धांत है
(स) अल्पकाल में पूर्ति-क्रिया को स्थिर माना गया है
(द) अबंध नीति को प्रभावहीन बताया गया है

545. निम्नलिखित में से कौन सा कथन असत्य है?
(अ) कीन्स ने घाटे के बजट को लाभप्रद बताया था
(ब) उनके अनुसार मजदूरी दरें घटाकर रोजगार बढ़ाया जा सकता है

उत्तर के लिए कृपया पृष्ठ सं. 173 देखें।

(स) कीन्स का सिद्धांत एक सामान्य सिद्धांत है

(द) उन्होंने आर्थिक विश्लेषण में प्रावैगिकी को शामिल किया

546. पीगू पूर्ण रोजगार की स्थिति प्राप्त करने हेतु क्या आवश्यक मानते थे?

(अ) मजदूरी-दर में वृद्धि करना (ब) मजदूरी-दर में कमी करना

(स) उपभोग-स्तर में कमी करना (द) आयातों पर रोक लगाना

547. 'पीगू-प्रभाव' क्या बतलाता है?

(अ) वास्तविक नगदी में परिवर्तन का उपभोग पर प्रभाव

(ब) मजदूरी-दर में परिवर्तन की माँग पर प्रभाव

(स) लचीली मजदूरी-दर का कीमतों पर प्रभाव

(द) मजदूरी-दर में परिवर्तन का ब्याज-दर पर प्रभाव

उपभोग व उसके सिद्धांत

548. आय व उपभोग के बीच में संबंध को क्या कहा जाता है?

(अ) आय-उपभोग संबंध (ब) उपभोग-फलन

(स) आय-उपभोग मात्रा (द) आय-फलन

549. आय व उपभोग में फलनात्मक संबंध सामान्यत: क्या होता है?

(अ) धनात्मक (ब) ऋणात्मक

(स) क्षैतिज (द) लंबवत्

550. निम्नलिखित में से उपभोग-फलन क्या है?

(अ) Y = f (c) (ब) C = f (y)

(स) C = f (s) (द) C = f (i)

(y = आय, c = उपभोग, i = निवेश, s = बचत, f = फलन है)

551. जब आय में वृद्धि होती है तो उपभोग भी बढ़ता है। बढ़ा हुआ उपभोग कैसा होता है?

(अ) आय-वृद्धि के बराबर (ब) आय-वृद्धि से अधिक

(स) आय-वृद्धि से कम (द) आय वृद्धि की मात्रा पर निर्भर

552. कुल उपभोग एवं कुल आय के अनुपात को क्या कहा जाता है?

(अ) सीमांत उपभोग प्रवृत्ति (ब) औसत उपभोग प्रवृत्ति

(स) कुल उपभोग प्रवृत्ति (द) संतुलित उपभोग प्रवृत्ति

उत्तर के लिए कृपया पृष्ठ सं. 173 देखें।

553. आय की एक अतिरिक्त इकाई में वृद्धि के फलस्वरूप उपभोग में हुई वृद्धि क्या कहलाती है ?

(अ) सीमांत उपभोग प्रवृत्ति (ब) औसत उपभोग प्रवृत्ति

(स) कुल उपभोग प्रवृत्ति (द) संतुलित उपभोग प्रवृत्ति

554. सीमांत उपभोग प्रवृत्ति (MPC) ज्ञात करने का सूत्र क्या है ?

(अ) $\frac{\Delta C}{\Delta Y}$ (ब) $\frac{C}{Y}$

(स) $\frac{\Delta C}{Y}$ (द) $\frac{C}{\Delta Y}$

(ΔC = उपभोग में परिवर्तन, ΔY = आय में परिवर्तन, C = कुल उपभोग, Y = कुल आय)

555. औसत उपभोग प्रवृत्ति (APC) कैसे ज्ञात की जाती है ?

(अ) $\frac{\Delta C}{\Delta Y}$ (ब) $\frac{C}{\Delta Y}$

(स) $\frac{\Delta C}{Y}$ (द) $\frac{C}{Y}$

556. कुल बचत व कुल आय के अनुपात को क्या कहा जाता है ?

(अ) कुल बचत प्रवृत्ति (ब) सीमांत बचत प्रवृत्ति

(स) औसत बचत प्रवृत्ति (द) संतुलित बचत प्रवृत्ति

557. आय की एक अतिरिक्त इकाई में होनेवाले परिवर्तन के फलस्वरूप बचत में हुए परिवर्तन को क्या कहा जाता है ?

(अ) कुल बचत प्रवृत्ति (ब) सीमांत बचत प्रवृत्ति

(स) औसत बचत प्रवृत्ति (द) परिवर्तनशील बचत प्रवृत्ति

558. कीन्स के द्वारा प्रतिपादित उपभोग के मनोवैज्ञानिक नियमों में क्या सम्मिलित नहीं है ?

(अ) आय बढ़ने पर उपभोग भी बढ़ता है, परंतु आय-वृद्धि से कम

(ब) आय में होनेवाली वृद्धि उपभोग व बचत में बँट जाती है

(स) आय बढ़ने पर उपभोग व बचत बढ़ेगी

(द) उपभोग करने के लिए आय आवश्यक है

559. उपभोग के संदर्भ में निम्नलिखित में से कौन सा कथन असत्य है ?

उत्तर के लिए कृपया पृष्ठ सं. 173 देखें।

(अ) सीमांत उपभोग प्रवृति का मान 0 से 1 के मध्य होता है

(ब) उपभोग फलन उपभोग व आय में संबंध को बताता है

(स) आय में होनेवाली वृद्धि उपभोग व बचत में बँट जाती है

(द) आय शून्य होने पर उपभोग भी शून्य होता है

560. सीमांत उपभोग प्रवृत्ति का मान कितना होता है?

(अ) इकाई के बराबर (ब) इकाई से अधिक

(स) इकाई से कम (द) शून्य के बराबर

561. ''व्यक्ति के द्वारा उपभोग पर किया गया व्यय वर्तमान आय पर नहीं, बल्कि पूर्व आय पर निर्भर होता है।'' उपभोग का यह कौन सा सिद्धांत है?

(अ) सापेक्ष आय सिद्धांत (ब) निरपेक्ष आय सिद्धांत

(स) स्थायी आय सिद्धांत (द) जीवन-चक्र सिद्धांत

562. ''उपभोग पर किया गया व्यय वर्तमान आय से नहीं, बल्कि दीर्घकालीन आय से निर्धारित होता है।''—यह कौन सा सिद्धांत है?

(अ) सापेक्ष आय सिद्धांत (ब) निरपेक्ष आय सिद्धांत

(स) जीवन-चक्र सिद्धांत (द) स्थायी आय सिद्धांत

563. उपभोग वर्तमान आय का फलन नहीं, बल्कि संपूर्ण जीवन-अवधि में प्रत्याशित आय का फलन है। उपभोग के इस जीवनचक्र सिद्धांत का प्रतिपादन किसने किया था?

(अ) जे.एस. डूजेनबरी (ब) मिल्टन फ्रीडमैन

(स) मोडिग्लियानी व एंडो (द) जे.एम. कीन्स

564. ''समाज के सभी व्यक्ति उपभोग का स्तर वही रखना चाहते हैं, जितना समाज के अन्य व्यक्तियों का है।''—यह कौन सा प्रभाव कहलाता है?

(अ) स्थायी आय-प्रभाव (ब) प्रदर्शन-प्रभाव

(स) समाज-प्रभाव (द) विज्ञापन-प्रभाव

565. ''आय बढ़ने पर उपभोग में वृद्धि होती है, मगर आय घटने पर उपभोग उस अनुपात में कम नहीं होता।''—यह कौन सा प्रभाव कहलाता है?

(अ) प्रदर्शन-प्रभाव (ब) उपभोग-प्रभाव

(स) रैचेट-प्रभाव (द) कुल-प्रभाव

566. निम्नलिखित में से किसे अस्थायी आय की संज्ञा दी जा सकती है?

उत्तर के लिए कृपया पृष्ठ सं. 173 देखें।

(अ) वेतन से हुई आय (ब) लॉटरी से हुई आय
(स) मकान-किराए से हुई आय (द) ब्याज से हुई आय

567. निम्नलिखित में से उपभोग-प्रवृत्ति को बढ़ानेवाला घटक कौन सा नहीं है?
(अ) जनसंख्या में वृद्धि (ब) विज्ञापन से ज्ञान में वृद्धि
(स) आय में वृद्धि (द) भविष्य के प्रति धारणा

568. सीमांत उपभोग प्रवृत्ति (MPC) व सीमांत बचत प्रवृत्ति (MPS) का योग क्या होता है?
(अ) MPC + MPS = 1 (ब) MPC + MPS > 1
(स) MPC + MPS < 1 (द) MPC + MPS = 2

569. निम्नलिखित में से कौन सा तत्त्व उपभोग प्रवृत्ति के निर्धारण में स्थिर नहीं माना जाता है?
(अ) जनसंख्या (ब) आय
(स) धन का स्टॉक (द) भविष्य के प्रति धारणा

570. ब्याज की दर एवं उपभोग-प्रवृत्ति में कैसा संबंध होता है?
(अ) ऋणात्मक (ब) धनात्मक
(स) संबंध नहीं होता (द) लंबवत्

571. यदि बैंकों के द्वारा उदार शर्तों पर साख उपलब्ध कराई जाती है तो उपभोग प्रवृत्ति पर इसका कैसा प्रभाव पड़ेगा?
(अ) घटेगी (ब) स्थिर रहेगी
(स) बढ़ेगी (द) इनमें कोई संबंध नहीं है

572. जिस अनुपात में कीमतें बढ़ती हैं, उसी अनुपात में आय भी बढ़ती है, फिर भी व्यक्ति अपना उपभोग बढ़ा देते हैं, तो इसे क्या कहा जाता है?
(अ) प्रदर्शन-प्रभाव (ब) मुद्रा-भ्रम का जाल
(स) विज्ञापन-प्रभाव (द) अविवेकशीलता

गुणक, त्वरक व निवेश-फलन के सिद्धांत

573. निवेश में होनेवाले परिवर्तन के फलस्वरूप आय में जो परिवर्तन होता है, उसे क्या कहा जाता है?
(अ) गुणक (ब) त्वरक

उत्तर के लिए कृपया पृष्ठ सं. 173-174 देखें।

(स) निवेश-फलन (द) उपभोग-फलन

574. जब अर्थव्यवस्था में कोई नया निवेश किया जाता है तो उस निवेश के फलस्वरूप आय से हुई वृद्धि कैसी होती है?

(अ) निवेश के बराबर ही होती है

(ब) निवेश की तुलना में कम होती है

(स) निवेश की कुछ गुणा अधिक होती है

(द) निवेश व आय में कोई संबंध नहीं होता है

575. गुणक की अवधारणा सर्वप्रथम किसके द्वारा दी गई?

(अ) जे.एम. कीन्स (ब) आर.एफ. काहन

(स) प्रो. मार्शल (द) रॉबर्ट ओवन

576. गुणक का मान निर्भर करता है?

(अ) औसत उपभोग प्रवृत्ति (ब) कुल उपभोग प्रवृत्ति

(स) सीमांत उपभोग प्रवृत्ति (द) औसत बचत प्रवृत्ति

577. गुणक ज्ञात करने का गणितीय सूत्र इनमें से कौन सा है?

(अ) $K = \frac{1}{1-MPS}$ (ब) $K = \frac{1}{1+MPC}$

(स) $K = \frac{1}{1+MPS}$ (द) $K = \frac{1}{1-MPC}$

(MPC = सीमांत उपभोग प्रवृत्ति, MPS = सीमांत बचत प्रवृत्ति)

578. यदि सीमांत उपभोग प्रवृत्ति MPC = 0.2 हो तो गुणक का मान क्या होगा?

(अ) चार (ब) पाँच

(स) छह (द) आठ

579. यदि सीमांत बचत प्रवृत्ति MPS = 0.5 हो तो गुणक का मान क्या होगा?

(अ) पाँच (ब) चार

(स) तीन (द) दो

580. संतुलित बजट गुणक का मान कितना होता है?

(अ) एक (ब) एक से अधिक

(स) एक से कम (द) शून्य

581. गुणक की क्रियाशीलता पर निम्नलिखित में से कौन से तत्त्व का प्रतिकूल प्रभाव पड़ता है?

उत्तर के लिए कृपया पृष्ठ सं. 174 देखें।

(अ) आयात (ब) निवेश

(स) सरकारी व्यय (द) निर्यात

582. निम्नलिखित में से कौन गुणक में रिसाव का कारण नहीं है?

(अ) बचत में वृद्धि

(ब) निर्यात में वृद्धि

(स) आयात में वृद्धि

(द) पुराने स्टॉक व प्रतिभूतियों का क्रय

583. यदि उपभोग की सीमांत प्रवृत्ति 0.9 हो, तो कर गुणक का मान क्या होगा?

(अ) −4 (ब) −5

(स) −9 (द) −8

584. निम्नलिखित में से कौन सा कथन सत्य है?

(अ) सीमांत बचत प्रवृत्ति गुणक में सीधा संबंध होता है।

(ब) सीमांत उपभोग प्रवृत्ति जितनी अधिक होती है गुणक का मान उतना ही कम होता है

(स) यदि उपभोग फलन x अक्ष के समानांतर हो तो गुणक का मान शून्य होगा

(द) आयात से गुणक का मान बढ़ता है

585. आय में होनेवाली वृद्धि के कारण व्युत्पन्न माँग के परिणामस्वरूप विशुद्ध निवेश में होनेवाली वृद्धि को क्या बतलाता है?

(अ) गुणक (ब) त्वरक

(स) निवेश-फलन (द) आय-फलन

586. अर्थशास्त्र में त्वरक सिद्धांत की व्याख्या सर्वप्रथम किसके द्वारा की गई?

(अ) आर.एफ. काहन (ब) जे.एम. कीन्स

(स) जे.एम. क्लार्क (द) नट निकसेल

587. त्वरक के द्वारा किसका माप किया जाता है?

(अ) आय पर पड़नेवाले उपभोग के प्रभाव का

(ब) उपभोग पर निवेश के प्रभाव का

(स) निवेश का उत्पाद पर प्रभाव का

(द) निवेश का आय पर प्रभाव का

उत्तर के लिए कृपया पृष्ठ सं. 174 देखें।

588. त्वरक सिद्धांत की मान्यता नहीं है—

(अ) उपभोग उद्योगों में अतिरिक्त क्षमता विद्यमान नहीं रहती है

(ब) पूँजी-उत्पादन अनुपात स्थिर रहता है

(स) वित्तीय साधनों एवं अन्य आदानों की पूर्ति लोचदार होती है

(द) उद्योग में प्रतिकूल परिस्थितियाँ विद्यमान रहती हैं

589. त्वरक सिद्धांत की सीमाओं में क्या शामिल है?

(अ) पूँजी-उत्पादन अनुपात स्थिर नहीं रहता

(ब) अतिरिक्त उत्पादन-क्षमता पाई जाती है

(स) साख व साधनों की पूर्ति लोचदार नहीं होती

(द) उपर्युक्त सभी

590. प्रो. कुरीहारा व प्रो. हिक्स द्वारा प्रतिपादित अति गुणक की अवधारणा में क्या शामिल है?

(अ) आय व उपभोग की क्रिया (ब) बचत व निवेश की क्रिया

(स) गुणक व त्वरक की क्रिया (द) उपभोग व नियोग की क्रिया

591. त्वरक का गणितीय मूल्य किस पर निर्भर करता है?

(अ) माँग की मात्रा (ब) पूँजी-उत्पादन अनुपात

(स) सीमांत उपभोग प्रवृत्ति (द) सीमांत बचत प्रवृत्ति

592. पूँजी की एक अतिरिक्त इकाई लगाने पर ब्याज-दर में जो परिवर्तन होता है, उसे क्या कहा जाता है?

(अ) पूँजी की सीमांत उत्पादकता (ब) पूँजी की उपयोगिता

(स) पूँजी की औसत उत्पादकता (द) पूँजी की कुल उत्पादकता

593. यदि पूँजी की सीमांत दक्षता ब्याज-दर की तुलना में अधिक हो तो निवेश पर कैसा प्रभाव पड़ेगा?

(अ) बढ़ेगा (ब) घटेगा

(स) स्थिर रहेगा (द) इनमें से कोई नहीं

594. यदि पूँजी की सीमांत दक्षता व ब्याज-दर समान हो तो निवेश पर कैसा प्रभाव पड़ेगा?

(अ) धनात्मक (ब) ऋणात्मक

(स) निष्क्रिय (द) लंबवत्

उत्तर के लिए कृपया पृष्ठ सं. 174 देखें।

595. यदि निवेश में वृद्धि होती जाती है तो पूँजी की सीमांत दक्षता पर क्या प्रभाव पड़ेगा?

(अ) बढ़ेगी (ब) घटेगी

(स) स्थिर होगी (द) पहले घटेगी फिर बढ़ेगी

596. रोजगार गुणक प्राथमिक रोजगार में वृद्धि के फलस्वरूप कुल रोजगार में होनेवाली वृद्धि को बतलाता है, इसका समीकरण क्या होता है?

(अ) $K1 = \frac{N_2}{N_1}$ (ब) $K1 = \frac{N_1}{N_2}$

(स) $K1 = N_1 \times N_2$ (द) $K1 = N_2 \times N_1$

(K1 = रोजगार गुणक, N2 = कुल रोजगार, N1 = प्रारंभिक रोजगार)

597. निर्यात से होनेवाली आय के गुणक प्रभाव को विदेशी व्यापार गुणक की संज्ञा दी जाती है, इसका समीकरण क्या होता है?

(अ) $Kf = \frac{\Delta E}{\Delta y}$ (ब) $Kf = \frac{\Delta y}{\Delta E}$

(स) $Kf = \frac{\Delta y}{\Delta I}$ (द) $Kf = \frac{\Delta I}{\Delta y}$

(Kf = विदेशी व्यापार गुणक, Δy = राष्ट्रीय आय में परिवर्तन, ΔE = निर्यात में परिवर्तन, ΔI = विनियोग में परिवर्तन)

598. केंज ने अपने सिद्धांत में निवेश को किसका फलन माना था?

(अ) पूँजी की सीमांत दक्षता का (ब) ब्याज-दर का

(स) उत्पादन में परिवर्तन का (द) बचत-मात्रा का

599. ''निवेश की मात्रा लाभ पर निर्भर करती है।''—निवेश का यह सिद्धांत किसने प्रतिपादित किया था?

(अ) प्रो. कीन्स ने (ब) प्रतिष्ठित अर्थशास्त्रियों ने

(स) प्रो. शपीरो ने (द) ड्यूसनबरी ने

600. निम्नलिखित में से किसे वास्तविक निवेश में सम्मिलित नहीं किया जाता है?

(अ) नई मशीनों की खरीद (ब) कंपनी में लगी अंश-पूँजी

(स) कच्चे माल का भंडार (द) निर्माण-कार्य

उत्तर के लिए कृपया पृष्ठ सं. 174 देखें।

मुद्रा की प्रकृति, कार्य, माँग, पूर्ति एवं उसका परिमाण-सिद्धांत

601. ''मुद्रा वह धुरी है, जिसपर समस्त अर्थतंत्र चक्कर काटता है।''—मुद्रा के संदर्भ में यह विचार किसने दिया था?

(अ) प्रो. मार्शल (ब) प्रो. पीगू

(स) प्रो. वालरस (द) जॉन स्टुअर्ट मिल

602. जब एक वस्तु देकर दूसरी वस्तु ली जाती है तो उसे क्या कहा जाता है?

(अ) आदान-प्रदान (ब) वस्तु विनिमय

(स) मौद्रिक विनिमय (द) अदल-बदल

603. वस्तु-विनिमय प्रणाली की कमियों में क्या सम्मिलित नहीं है?

(अ) आवश्यकता के दोहरे संयोग का अभाव

(ब) वस्तुओं का अविभाज्य होना

(स) मुद्रा का संचय संभव न होना

(द) वस्तुओं का पर्याप्त मात्रा में उपलब्ध न होना

604. वस्तु-विनिमय प्रणाली में यदि 100 वस्तुएँ प्रचलित हों, तो कितने मूल्य याद रखने होते थे?

(अ) 4950 (ब) 4000

(स) 5000 (द) 5930

605. पशुपालन-युग में इनमें से कौन मुद्रा नहीं थी?

(अ) चमड़ा (ब) ऊन

(स) धातु के सिक्के (द) पशुओं का दूध

606. वर्तमान में प्रचलित मुद्रा-प्रणाली को क्या कहा जाता है?

(अ) स्वर्णमान (ब) धातुमान

(स) पत्र मुद्रामान (द) रजतमान

607. ''मुद्रा वह है जो मुद्रा का कार्य करे।'' यह कथन किस अर्थशास्त्री का है?

(अ) प्रो. जॉनसन (ब) हार्टले विदर्स

(स) प्रो. मार्शल (द) प्रो. जे.एम. कीन्स

608. मुद्रा के मुख्य या प्राथमिक कार्य कौन से हैं?

उत्तर के लिए कृपया पृष्ठ सं. 174 देखें।

(अ) विनिमय का माध्यम (ब) मूल्य का मापक
(स) (अ) और (ब) दोनों (द) क्रयशक्ति का संचय

609. मुद्रा के सहायक कार्यों में क्या सम्मिलित नहीं है ?
(अ) विलंबित भुगतानों का मान (ब) क्रयशक्ति का संचय
(स) मूल्य का हस्तांतरण (द) राष्ट्रीय आय का वितरण

610. इनमें से कौन सा तथ्य मुद्रा के दोषों में सम्मिलित नहीं है ?
(अ) आर्थिक असमानता बढ़ाती है
(ब) धन का सर्वाधिक तरल रूप है
(स) आर्थिक शोषण को जन्म देती है
(द) ऋणग्रस्तता में वृद्धि होती है

611. मुद्रा के कार्यों को गत्यात्मक एवं अगत्यात्मक में किसने बाँटा था ?
(अ) प्रो. कीनले एवं प्रो. कीन्स (ब) वाकर तथा हाटले विदर्स
(स) केंट एवं क्राउथर (द) प्रो. कोलबोर्न तथा पॉल इंजिग

612. हमारे देश में वर्तमान में नोट-निर्गमन किस सिद्धांत के आधार पर किया जा रहा है ?
(अ) आनुपातिक कोष-प्रणाली (ब) स्वर्ण कोष-प्रणाली
(स) न्यूनतम कोष-प्रणाली (द) अध्यादेश-प्रणाली

613. अधिक मात्रा में कागजी मुद्रा जारी करने के दुष्परिणाम क्या होते हैं ?
(अ) कीमतों में वृद्धि
(ब) निर्यातों में कमी और आयातों में बढ़ोतरी
(स) मजदूरों की वास्तविक आय में कमी
(द) उपर्युक्त सभी

614. ''मुद्रा एक आवेष्टन की भाँति है, जिसमें सामान बँधकर हमारे पास आता है।''—यह किसका मानना था ?
(अ) प्रो. मार्शल (ब) प्रो. पीगू
(स) प्रो. राबर्टसन (द) प्रो. हाटले विदर्स

615. 'माँग जमा' किसे कहा जाता है ?
(अ) व्यक्ति के पास नगद मुद्रा की मात्रा को
(ब) बैंकों में चालू व बचत खाते में मुद्रा की मात्रा को

उत्तर के लिए कृपया पृष्ठ सं. 174-175 देखें।

(स) बैंकों में सावधि खाते में जमा मुद्रा की मात्रा को

(द) डाकघर में खरीदे गए ऋण-पत्र को

616. 'काल जमा' किसे कहा जाता है?

(अ) बैंकों के चालू खाते में जमा मुद्रा की मात्रा को

(ब) बैंकों के बचत खाते में जमा मुद्रा की मात्रा को

(स) बैंकों में सावधि खातों में जमा मुद्रा की मात्रा को

(द) व्यक्ति के पास नगद मुद्रा की मात्रा को

617. हमारे देश में मुद्रा की मात्रा का नियमन व नियंत्रण किसके द्वारा किया जाता है?

(अ) केंद्रीय सरकार द्वारा (ब) व्यापारिक बैंकों द्वारा

(स) वित्त मंत्रालय द्वारा (द) भारतीय रिजर्व बैंक द्वारा

618. पत्र मुद्रा कितने प्रकार की होती है?

(अ) दो (ब) तीन

(स) चार (द) पाँच

619. वह पत्र मुद्रा, जो सरकारी आदेश के कारण प्रचलित होती है, क्या कहलाती है?

(अ) प्रतिनिधि पत्र मुद्रा (ब) परिवर्तनशील पत्र मुद्रा

(स) अपरिवर्तनशील पत्र मुद्रा (द) प्रदिष्ट पत्र मुद्रा

620. ऐसी पत्र मुद्रा जिसके पीछे कोई रक्षित कोष नहीं रखा जाता है, क्या कहलाती है?

(अ) प्रतिनिधि पत्र मुद्रा (ब) प्रदिष्ट पत्र मुद्रा

(स) परिवर्तनशील पत्र मुद्रा (द) अपरिवर्तनशील पत्र मुद्रा

621. कुल चलन में नोट व सिक्के + बैंकों की माँग जमा राशि + रिजर्व बैंक की अन्य जमाओं का योग मुद्रा की पूर्ति कहलाता है—

(अ) M_1 (ब) M_2

(स) M_3 (द) M_4

622. M_2 मुद्रा की पूर्ति का माप क्या है?

(अ) M_1 + बैंकों की समय जमाएँ

(ब) M_1 + डाकघर की माँग जमाएँ

उत्तर के लिए कृपया पृष्ठ सं. 175 देखें।

(स) M_1 + डाकघर की समय जमाएँ

(द) M_1 + रिजर्व बैंक की शेष जमाएँ

623. M_3 की गणना की जाती है?

(अ) M_1 + डाकघर की माँग जमाएँ

(ब) M_1 + बैंकों की माँग जमाएँ

(स) M_1 + बैंकों की समय जमाएँ

(द) M_1 + रिजर्व बैंक की अन्य जमाएँ

624. भारतीय रिजर्व बैंक की मुद्रा-पूर्ति की गणना को M_4 में शामिल किया जाता है—

(अ) M_3 + बैंकों की माँग जमाएँ

(ब) M_1 + बैंकों व डाकघर की बचत जमाएँ

(स) M_3 + बैंकों की समय जमाएँ

(द) M_3 + डाकघर की समय जमाएँ (राष्ट्रीय बचत-पत्र को छोड़कर)

625. रिजर्व बैंक ने संकीर्ण मुद्रा किसे माना है?

(अ) धातु के सिक्के व नोट को

(ब) बैंकों की माँग-जमाओं को

(स) डाकघर की माँग-जमाओं को

(द) धातु के सिक्के, नोट व बैंकों की माँग-जमाओं को

626. रिजर्व बैंक के कार्यकारी दल ने व्यापक मुद्रा में किसे शामिल किया था?

(अ) धातु के सिक्के व नोट को

(ब) कुल मौद्रिक साधनों को

(स) डाकघर की माँग-जमाओं को

(द) M_2 के माप को

627. प्रतिष्ठित अर्थशास्त्रियों ने मुद्रा की माँग का कारण क्या बतलाया था?

(अ) धन का लोभ (ब) विनिमय का माध्यम

(स) मूल्य के संचार का साधन (द) क्रयशक्ति का होना

628. प्रतिष्ठित अर्थशास्त्रियों ने मुद्रा की माँग को क्या माना था?

(अ) सामान्य माँग (ब) व्युत्पन्न माँग

(स) सामूहिक माँग (द) आय माँग

उत्तर के लिए कृपया पृष्ठ सं. 175 देखें।

629. मुद्रा की माँग के संदर्भ में वास्तविक शेष दृष्टिकोण के प्रतिपादक अर्थशास्त्री कौन थे?

(अ) डॉन पेटिन किन (ब) बौमॉल

(स) टॉबिन (द) मिल्टन फ्रीडमैन

630. कैंब्रिज अर्थशास्त्रियों ने मुद्रा की माँग में इसके किस कार्य को महत्त्व प्रदान किया?

(अ) मूल्य का संचय

(ब) क्रयशक्ति का हस्तांतरण

(स) कुल उपयोगिता को अधिकतम करना

(द) स्थगित भुगतानों का आधार

631. कीन्स ने मुद्रा की माँग के जो उद्देश्य बताए थे, उसमें कौन सम्मिलित नहीं है?

(अ) लेन-देन का उद्देश्य (ब) सट्टे का उद्देश्य

(स) आयात का उद्देश्य (द) सतर्कता उद्देश्य

632. निम्नलिखित में से अनमेल को छाँटिए—

(अ) टॉबिन—पत्राधान दृष्टिकोण

(ब) बौमॉल—भुगतानों के लिए मुद्रा-माँग दृष्टिकोण

(स) फिशर—नगद शेष दृष्टिकोण

(द) कीन्स—तरलता पसंदगी दृष्टिकोण

633. मुद्रा के मूल्य व इसके परिमाण में विपरीत संबंध को किसने बतलाया था?

(अ) प्रो. इरविंग फिशर (ब) प्रो. मार्शल

(स) कैंब्रिज अर्थशास्त्री (द) प्रो. सेयर्स

634. "अन्य बातें समान रहने पर मुद्रा की मात्रा दुगुनी करने पर कीमतें दुगुनी व आधी करने पर कीमतें आधी रह जाती हैं।"—यह सिद्धांत किसने प्रतिपादित किया था?

(अ) कैंब्रिज अर्थशास्त्रियों ने (ब) मिल्टन फ्रीडमैन

(स) प्रो. सेयर्स (द) प्रो. इरविंग फिशर

635. फिशर ने मूल्य-स्तर के निर्धारण हेतु जो समीकरण दिया था, वह क्या है?

उत्तर के लिए कृपया पृष्ठ सं. 175 देखें।

(अ) $P = \frac{M_1V_1}{T}$ (ब) $P = \frac{MV - M_1V_1}{T}$

(स) $P = \frac{MV + M_1V_1}{T}$ (द) $P = \frac{T}{MV + M_1V_1}$

636. प्रो. इरविंग फिशर ने मुद्रा की मात्रा व इसके मूल्य में कैसा संबंध बतलाया था?

(अ) धनात्मक (ब) क्षैतिज

(स) लंबवत् (द) ऋणात्मक

637. मुद्रा परिमाण के लेन-देन दृष्टिकोण की संज्ञा दी जाती है—

(अ) कैंब्रिज सिद्धांत को

(ब) फिशर के मुद्रा परिमाण सिद्धांत को

(स) मिल्टन फ्रीडमैन के सिद्धांत को

(द) आधुनिक मुद्रा परिमाण सिद्धांत को

638. कैंब्रिज सिद्धांत को और क्या कहा जाता है?

(अ) मुद्रापूर्ति दृष्टिकोण (ब) लेन-देन दृष्टिकोण

(स) नगद शेष दृष्टिकोण (द) मुद्रा-लेखा दृष्टिकोण

639. कैंब्रिज अर्थशास्त्रियों ने मूल्य-स्तर का निर्धारक घटक किसे माना था?

(अ) मुद्रा की माँग को (ब) मुद्रा की पूर्ति को

(स) कीमत-स्तर को (द) सरकारी नीति को

640. कैंब्रिज अर्थशास्त्रियों के द्वारा प्रतिपादित सूत्रों में से निम्नलिखित में से कौन सा सूत्र कीन्स के द्वारा दिया गया है?

(अ) $P = \frac{KR}{M}$ [C + h (1 – C)] (ब) $P = \frac{KT}{M}$

(स) $P = \frac{n}{K + rK^1}$ (द) $P = \frac{M}{Ky}$

641. कैंब्रिज अर्थशास्त्रियों में इनमें से कौन सम्मिलित नहीं थे?

(अ) प्रो. मार्शल (ब) प्रो. पीगू

(स) प्रो. कीन्स (द) प्रो. फिशर

642. मुद्रा-परिमाण का कैंब्रिज सिद्धांत कैसा है?

उत्तर के लिए कृपया पृष्ठ सं. 175 देखें।

(अ) दीर्घकालीन (ब) अल्पकालीन

(स) अति दीर्घकालीन (द) अति अल्पकालीन

643. मुद्रा-परिमाण का कैंब्रिज दृष्टिकोण फिशर के दृष्टिकोण से अधिक व्यावहारिक मानने के पीछे कौन सा तर्क नहीं दिया जाता है?

(अ) यह व्यापार-चक्रों का स्पष्टीकरण करता है

(ब) इनमें मनोवैज्ञानिक घटकों पर बल दिया गया है

(स) यह यथार्थवादी एवं स्पष्ट व्याख्या से युक्त है

(द) इसमें मुद्रा की पूर्ति को महत्त्व प्रदान किया गया है

644. मुद्रा-परिमाण के कैंब्रिज दृष्टिकोण की कमियों में कौन शामिल नहीं है?

(अ) मुद्रा के सट्टे उद्देश्य की उपेक्षा

(ब) मुद्रा की माँग का कम महत्त्व

(स) ऋण-निक्षेपों की उपेक्षा

(द) वास्तविक आय को मापना कठिन

645. मिल्टन फ्रीडमैन ने अपने मुद्रा-परिमाण सिद्धांत में किसे महत्त्व दिया था?

(अ) मुद्रा की पूर्ति (ब) वस्तुओं और सेवाओं की मात्रा

(स) मुद्रा की माँग (द) ब्याज की दर

646. धन से प्राप्त होनेवाली दीर्घकालीन आय को मिल्टन फ्रीडमैन ने कौन सी आय बताया है?

(अ) स्थायी आय (ब) बांडों पर ब्याज दर

(स) सावधि जमा पर ब्याज दर (द) इक्विटी पर लाभांश दर

मुद्रास्फीति व अवस्फीति

647. वह स्थिति, जिसमें मुद्रा का मूल्य गिरता है, अर्थात् कीमतें बढ़ती हैं, क्या कहलाती है?

(अ) अवमूल्यन (ब) अधिमूल्यन

(स) मुद्रास्फीति (द) अवस्फीति

648. मुद्रास्फीति का मुख्य कारण क्या है?

(अ) वस्तुओं और सेवाओं की मात्रा में वृद्धि

(ब) मुद्रा की मात्रा में वृद्धि

उत्तर के लिए कृपया पृष्ठ सं. 175 देखें।

(स) आयातों की मात्रा में वृद्धि

(द) विदेशों द्वारा देश में राशिपातन

649. मुद्रास्फीति की वह स्थिति, जिससे कीमतें बढ़ने के साथ-साथ बेरोजगारी भी बढ़ती है, क्या कहलाती है?

(अ) अवरोध गति मुद्रास्फीति (ब) उछलती-कूदती मुद्रास्फीति

(स) मजदूरी-प्रेरित मुद्रास्फीति (द) घाटा-प्रेरित मुद्रास्फीति

650. जब मुद्रास्फीति की दर 1 प्रतिशत या इससे कम हो तो इसे क्या कहा जाता है?

(अ) चलती मुद्रास्फीति (ब) दौड़ती मुद्रास्फीति

(स) रेंगती मुद्रास्फीति (द) उछलती-कूदती मुद्रास्फीति

651. जब मुद्रास्फीति की दर बहुत अधिक तेज हो तो इसे क्या कहा जाता है?

(अ) चलती मुद्रास्फीति (ब) दौड़ती मुद्रास्फीति

(स) रेंगती मुद्रास्फीति (द) उछलती-कूदती मुद्रास्फीति

652. यदि उत्पादन की मात्रा कम होने के कारण कीमतों में वृद्धि होती है तो इसे क्या कहा जाता है?

(अ) हिनार्थ प्रोत्साहित मुद्रास्फीति (ब) लाभस्फीति

(स) उत्पादन-प्रेरित मुद्रास्फीति (द) लागत-प्रेरित स्फीति

653. मुद्रा की मात्रा में वृद्धि करनेवाले घटकों में कौन सा सम्मिलित नहीं है?

(अ) विकास पर किया गया व्यय

(ब) खुले बाजार से प्रतिभूतियों का क्रय

(स) व्यापारिक बैंकों द्वारा साख-निर्माण

(द) हिनार्थ प्रबंधन नीति

654. तीव्र मुद्रास्फीति के फलस्वरूप ऋण देनेवाले को क्या होता है?

(अ) हमेशा लाभ (ब) हमेशा हानि

(स) कभी-कभी लाभ (द) कभी-कभी हानि

655. मुद्रास्फीति की स्थिति में बैंकिंग प्रणाली, उद्योग एवं व्यापार पर कैसा प्रभाव पड़ता है?

(अ) ये बढ़ते हैं (ब) ये कम होते हैं

(स) ये स्थिर रहते हैं (द) इनमें कोई संबंध नहीं होता

उत्तर के लिए कृपया पृष्ठ सं. 175-176 देखें।

656. मुद्रास्फीति पर नियंत्रण के मौद्रिक उपायों में इनमें से कौन सा शामिल नहीं है?

(अ) बैंक-दर नीति (ब) प्रतिभूतियों का विक्रय

(स) करों में वृद्धि (द) साख की राशनिंग

657. मुद्रास्फीति पर नियंत्रण हेतु अपनाए जा सकनेवाले भौतिक उपायों में क्या सम्मिलित नहीं है?

(अ) उत्पादन में वृद्धि व सट्टे की प्रवृत्ति पर रोक

(ब) मूल्य-नियंत्रण एवं राशनिंग व्यवस्था लागू करना

(स) लाभ के वितरण व वस्तुओं के संग्रह पर रोक

(द) करों में वृद्धि एवं साख की राशनिंग

658. मुद्रास्फीति पर नियंत्रण हेतु सुझाए गए राजकोषीय उपचारों में इनमें से कौन सम्मिलित नहीं है?

(अ) करों की मात्रा में वृद्धि (ब) चयनित साख-नियंत्रण

(स) संतुलित बजट (द) सार्वजनिक ऋणों में वृद्धि

659. कीन्स ने पूर्ण रोजगार से पूर्व होनेवाली मुद्रास्फीति को क्या बतलाया है?

(अ) अर्द्ध स्फीति (ब) पूर्ण स्फीति

(स) रोजगार स्फीति (द) धीमी स्फीति

660. फिलिप्स वक्र के संदर्भ में निम्न में से क्या सही है?

(अ) यह मजदूरी दरों व बेरोजगारी के मध्य अरेखीय संबंध को बतलाता है

(ब) स्टेगफ्लेशन की स्थिति को फिलिप्स वक्र से बतलाया जा सकता है

(स) मुद्रास्फीति व बेरोजगारी के मध्य सीधा संबंध होता है

(द) आनुभाविक प्रमाणों से इसकी पुष्टि होती है

661. वह स्थिति, जब मुद्रा का मूल्य बढ़ता है, अर्थात् कीमतें कम होती हैं, क्या कहलाती है?

(अ) मुद्रास्फीति (ब) अवमूल्यन

(स) मुद्रा-संकुचन (द) मुद्रा-प्रसार

662. व्यापार चक्र के सिद्धांतों के संदर्भ में निम्नलिखित में से अनमेल को छाँटिए—

उत्तर के लिए कृपया पृष्ठ सं. 176 देखें।

(अ) मनोवैज्ञानिक सिद्धांत—पीगू

(ब) नव-प्रवर्तन सिद्धांत—शुंपीटर

(स) मौद्रिक अति-निवेश सिद्धांत—काल्डोर

(द) अमौद्रिक अति-निवेश सिद्धांत—स्पीथोफ

663. "व्यापार चक्र तभी संभव है जब बचत व निवेश अरेखीय होते हैं।" यह सिद्धांत किसके द्वारा प्रतिपादित किया गया था?

(अ) सैम्युलसन (ब) प्रो. कीन्स

(स) शुंपीटर (द) काल्डोर

बैंकिंग व साख-नीति

664. भारत का केंद्रीय बैंक इनमें से कौन है?

(अ) पंजाब नेशनल बैंक (ब) भारतीय रिजर्व बैंक

(स) बैंक ऑफ बड़ौदा (द) भारतीय स्टेट बैंक

665. केंद्रीय बैंक की स्थापना की आवश्यकता के कारणों में क्या सम्मिलित नहीं है?

(अ) नोट-निर्गमन का कार्य सुचारु करना एवं साख-नियंत्रण

(ब) बैंकिंग व्यवस्था का विकास व नियंत्रण

(स) व्यक्तिगत ऋण देना

(द) मौद्रिक नीति की सफलता

666. केंद्रीय बैंक का वह कार्य, जो व्यापारिक बैंक नहीं कर सकते हैं, क्या है?

(अ) नोट निर्गमन करना

(ब) साख को नियंत्रित करना

(स) आँकड़ों व सूचनाओं का प्रकाशन करना

(द) ऋण देना

667. एक रुपए का नोट किसके द्वारा जारी किया जाता है?

(अ) रिजर्व बैंक द्वारा (ब) वित्तमंत्री द्वारा

(स) वित्त मंत्रालय द्वारा (द) प्रधानमंत्री द्वारा

668. साख की मात्रा का नियमन व नियंत्रण का कार्य किसके द्वारा किया जाता है?

उत्तर के लिए कृपया पृष्ठ सं. 176 देखें।

(अ) व्यापारिक बैंकों द्वारा (ब) केंद्रीय बैंक द्वारा

(स) सरकार द्वारा (द) साहूकार व महाजनों द्वारा

669. केंद्रीय बैंक के कार्यों में इनमें से कौन सम्मिलित नहीं है?

(अ) पत्र-मुद्रा का निर्गमन

(ब) सरकार का एजेंट व सलाहकार

(स) विदेशी विनिमय कोषों का संरक्षण

(द) जनता को ऋण प्रदान करना

670. केंद्रीय बैंक के संदर्भ में इनमें से कौन सा कथन गलत है?

(अ) यह सरकार के लाभ के लिए कार्य करता है

(ब) यह वाणिज्य बैंकों के नगद कोषों का संरक्षक है

(स) यह समाशोधन, निपटारा व स्थानांतरण का कार्य करता है

(द) यह आर्थिक विकास में सहायक की भूमिका निभाता है

671. साख-नियंत्रण की खुले बाजार की क्रिया के अंतर्गत रिजर्व बैंक क्या करता है?

(अ) बैंक-दर में वृद्धि (ब) प्रतिभूतियों का क्रय-विक्रय

(स) चयनात्मक साख-नियंत्रण (द) साख की राशनिंग

672. वह दर, जिसपर केंद्रीय बैंक व्यापारिक बैंकों को रुपए उधार देता है, क्या कहलाती है?

(अ) ब्याज-दर (ब) ऋण-दर

(स) बैंक-दर (द) उधार-दर

673. यदि देश के केंद्रीय बैंक के द्वारा तरल कोषानुपात में कमी कर दी जाए तो इसका क्या प्रभाव होगा?

(अ) व्यापारिक बैंकों के पास रुपया पहले से अधिक जमा होगा

(ब) व्यापारिक बैंक अधिक लाभ कमाएँगे

(स) व्यापारिक बैंक पहले से कम साख दे पाएँगे

(द) व्यापारिक बैंक अधिक ऋण दे सकेंगे

674. ऐसे बैंक, जिनकी स्थापना भारतीय कंपनी अधिनियम के अंतर्गत होती है एवं जो साधारण बैंकिंग कार्यों को संपन्न करते हैं, क्या कहलाते हैं?

(अ) केंद्रीय बैंक (ब) व्यापारिक बैंक

उत्तर के लिए कृपया पृष्ठ सं. 176 देखें।

(स) कंपनी बैंक (द) विशिष्ट बैंक

675. हमारे देश में व्यापारिक बैंकों को कितने भागों में बाँटा गया है?
(अ) दो (ब) तीन
(स) चार (द) पाँच

676. ऐसे बैंक, जिनका नाम रिजर्व बैंक की द्वितीय अनुसूची में दर्ज है, क्या कहलाते हैं?
(अ) गैर-अनुसूचित बैंक (ब) द्वितीय अनुसूची बैंक
(स) अनुसूचित बैंक (द) असूचीबद्ध बैंक

677. सामान्यतः एक व्यापारिक बैंक का कार्य नहीं है—
(अ) जमा स्वीकार करना (ब) ऋण या अग्रिम देना
(स) साख का निर्माण करना (द) नोट निर्गमन

678. भविष्य में भुगतान करने की प्रतिज्ञा पर वर्तमान में वस्तुएँ एवं सेवाएँ प्राप्त करने को क्या कहा जाता है?
(अ) साख (ब) आय
(स) प्रतिज्ञा (द) पारितोषिक

679. समय के आधार पर व्यापारिक बैंकों के द्वारा कितने प्रकार की साख उपलब्ध कराई जाती है?
(अ) दो (ब) तीन
(स) चार (द) पाँच

680. निम्नलिखित में से कौन सा कथन सत्य है?
(अ) बैंकों को अपने पास शत-प्रतिशत कोष रखना होता है
(ब) बैंक केवल मुद्रा जुटानेवाली संस्थाएँ हैं
(स) बैंक अपनी जमा राशियों से अधिक ऋण नहीं दे सकती है
(द) बैंकों की जमाएँ प्रारंभिक का व्युत्पन्न दो प्रकार की होती है

681. यदि बैंक के पास जमा राशि 10,000 हजार एवं 10 प्रतिशत कोष अपने पास रखना आवश्यक हो तों बैंक के द्वारा कितने ऋण दिए जा सकते हैं?
(अ) 20,000 (ब) 90,000
(स) 1,00,000 (द) 80,000

उत्तर के लिए कृपया पृष्ठ सं. 176 देखें।

682. जमा गुणक है—

(अ) $R = \frac{1}{r}$ (ब) $R = 1 - r$

(स) $r = \frac{1}{R}$ (द) $r = 1 - R$

मौद्रिक व राजकोषीय नीतियाँ

683. केंद्रीय बैंक के द्वारा मुद्रा-परिमाण पर नियंत्रण हेतु काम में ली जानेवाली नीति को क्या कहा जाता है?

(अ) साख-नियंत्रण नीति (ब) राजकोषीय नीति

(स) मौद्रिक नीति (द) ऋण नीति

684. विकासशील अर्थव्यवस्था में मौद्रिक नीति के सामान्य उद्देश्यों में इनमें से कौन सा सम्मिलित नहीं है?

(अ) कीमत व विनिमय-दर में स्थायित्व

(ब) करारोपण से प्राप्त आय में वृद्धि करना

(स) आर्थिक वृद्धि एवं पूर्ण रोजगार

(द) साधनों का अधिकतम प्रयोग

685. निम्नलिखित में से किस स्थिति में मौद्रिक नीति अधिक प्रभावशाली होती है?

(अ) मुद्रा संकुचन (ब) मुद्रा स्फीति

(स) स्टेगफ्लेशन (द) मुद्रा अवस्फीति

686. सार्वजनिक आय, व्यय व ऋण-संबंधी क्रियाओं की नीति को क्या कहा जाता है?

(अ) मौद्रिक नीति (ब) ऋण नीति

(स) राजकोषीय नीति (द) आय-व्यय नीति

687. राजकोषीय नीति के सामान्य उद्देश्यों में इनमें से क्या सम्मिलित है?

(अ) मुद्रा की पूर्ति पर नियंत्रण रखना

(ब) साख की मात्रा पर नियंत्रण

(स) सरकार के लिए वित्तीय साधना जुटाना

(द) कीमत स्थिरता

उत्तर के लिए कृपया पृष्ठ सं. 176 देखें।

688. जब देश में आर्थिक मंदी की स्थिति हो तो सरकार को क्या करना चाहिए?
(अ) सार्वजनिक व्यय में वृद्धि (ब) करों में वृद्धि
(स) बचत का बजट (द) सार्वजनिक व्यय में कमी

689. जब देश में तेजी से मुद्रा-प्रसार हो रहा हो तो सरकार की राजकोषीय नीति क्या नहीं होनी चाहिए?
(अ) करों की दर में वृद्धि (ब) सरकारी व्यय में कमी
(स) सार्वजनिक ऋण लेना (द) सार्वजनिक ऋण देना

690. राजस्व घाटा किसे कहा जाता है?
(अ) सरकार की राजस्व-प्राप्तियाँ एवं ऋण में अंतर
(ब) राजस्व-प्राप्तियाँ व राजस्व-व्यय का अंतर
(स) राजकोषीय घाटे व निबल ऋण का अंतर
(द) सकल राजकोषीय घाटे व ब्याज अदायगियों के बीच का अंतर

691. राजकोषीय घाटा कैसे ज्ञात किया जाता है?
(अ) राजस्व-प्राप्तियाँ व राजस्व-व्यय के अंतर से
(ब) राजकोषीय घाटे व निबल ऋण का अंतर
(स) बजट-घाटे तथा सरकार के ऋणों व अन्य दायित्वों का योग
(द) सरकारी आय तथा सरकारी व्यय का अंतर

692. लैफर वक्र क्या बतलाता है?
(अ) कर के राजस्व पर प्रभाव को
(ब) करारोपण से प्राप्त आय को
(स) प्रगतिशील करों के राजस्व पर प्रभाव को
(द) एक सीमा के बाद करों में वृद्धि से राजस्व में होनेवाली कमी को

□

उत्तर के लिए कृपया पृष्ठ सं. 176 देखें।

3

लोक-वित्त (राजस्व)

लोक-वित्त और उनका अध्ययन क्षेत्र

693. आर्थिक विकास हेतु सरकार के द्वारा किए जानेवाले प्रत्यक्ष कार्यों में इनमें से कौन सा सम्मिलित है ?

(अ) लाइसेंस जारी करना (ब) अनुदान देना

(स) औद्योगिक कारखाने खोलना (द) कर ब्याज दर पर ऋण देना

694. लोक-वित्त के अंतर्गत निम्नलिखित में से किस तत्त्व को शामिल नहीं किया जाता है ?

(अ) सार्वजनिक आय (ब) सार्वजनिक व्यय

(स) व्यक्तिगत आय (द) राजकोषीय व्यवस्था

695. अधिकतम सामाजिक कल्याण का सिद्धांत किसने प्रस्तुत किया था ?

(अ) डाल्टन (ब) एड्म स्मिथ

(स) कार्ल मार्क्स (द) स्टीनर

696. अधिकतम सामाजिक कल्याण का बिंदु क्या होता है ?

(अ) सामाजिक त्याग से सामाजिक उपयोगिता अधिक होने पर

(ब) सामाजिक त्याग व सामाजिक उपयोगिता बराबर होने पर

(स) सामाजिक उपयोगिता से सामाजिक त्याग के अधिक होने पर

(द) सामाजिक त्याग व सामाजिक उपयोगिता का योग

697. सार्वजनिक वित्त व निजी वित्त में मुख्य क्या अंतर होता है ?

(अ) गोपनीयता का (ब) माँग का

उत्तर के लिए कृपया पृष्ठ सं. 176-177 देखें।

(स) पूर्ति का (द) स्थायित्व का

698. सार्वजनिक व्यय पर नियंत्रण कैसे किया जाना चाहिए?
(अ) सही बजट–अनुमान लगाकर
(ब) खर्च कम करके
(स) लोक–कल्याणकारी योजनाओं पर व्यय कम करके
(द) चुनावों पर रोक लगाकर

699. देश को मंदी की स्थिति से उबारने के लिए सरकार को क्या करना चाहिए?
(अ) करारोपण में वृद्धि (ब) सार्वजनिक व्यय में वृद्धि
(स) अत्यधिक आयात (द) मजदूरी की दर में वृद्धि

700. कौन सा सार्वजनिक व्यय गरीब व्यक्तियों को लाभ पहुँचाता है?
(अ) प्रगतिशील व्यय (ब) प्रतिगामी व्यय
(स) आनुपातिक व्यय (द) समानुपातिक व्यय

701. व्यक्ति की कार्य करने की व बचत करने की योग्यता का मुख्य संबंध किससे होता है?
(अ) सार्वजनिक व्यय की मात्रा से (ब) उत्पादन की मात्रा से
(स) रोजगार के स्तर से (द) रहन–सहन के स्तर से

702. यदि व्यक्तियों को रोजगार की गांरटी प्रदान की जाए तो उनकी कार्य करने व बचत करने की इच्छा पर क्या प्रभाव होगा?
(अ) बढ़ेगी (ब) घटेगी
(स) समान रहेगी (द) पहले बढ़ेगी फिर घटेगी

703. ऐसा सार्वजनिक व्यय, जिसमें कम आयवालों को कम लाभ व अधिक आयवालों को अधिक लाभ मिलता है, क्या कहलाता है?
(अ) प्रगतिशील व्यय (ब) प्रतिगामी व्यय
(स) आनुपातिक व्यय (द) समानुपातिक व्यय

704. यदि सरकार सार्वजनिक व्यय के माध्यम से विमान–सुविधाओं, पाँचसितारा होटलों, वातानुकूलित अस्पतालों आदि का निर्माण करती है, तो इस प्रकार का व्यय कैसा होगा?
(अ) प्रगतिशील व्यय (ब) आनुपातिक व्यय
(स) प्रतिगामी व्यय (द) समानुपातिक व्यय

उत्तर के लिए कृपया पृष्ठ सं. 177 देखें।

705. भारतीय रिजर्व बैंक ने सार्वजनिक आय को मुख्य रूप से कितने भागों में बाँटा है ?

(अ) दो (ब) तीन

(स) चार (द) छह

706. कर के बारे में निम्नलिखित में से क्या असत्य है ?

(अ) यह सब अनिवार्य अंशदान है

(ब) कर के बदले में विशेष लाभ देना अनिवार्य नहीं

(स) कर से प्राप्त आय का जनहित में प्रयोग

(द) सभी लोगों को बराबर कर देना होता है

707. करारोपण के उद्‌देश्य के संदर्भ में निम्न में से कौन सा असत्य है ?

(अ) राष्ट्रीय आय में वृद्धि करना (ब) धन का समान वितरण करना

(स) मूल्यवृद्धि पर नियंत्रण लगाना (द) रोजगार प्रदान करना

708. वह भुगतान, जिसके बदले में सरकार के द्वारा विशेष लाभ प्रदान किया जाता है, क्या कहलाता है ?

(अ) कर (ब) जुर्माना

(स) शुल्क (द) उपहार

709. सरकारी कानूनों का उल्लंघन करनेवाले व्यक्ति पर लगाया गया आर्थिक दंड क्या कहलाता है ?

(अ) फीस (ब) जुर्माना

(स) कर (द) दंड

710. सरकारी उपक्रमों, जैसे डाक-तार, परिवहन एवं संचार सेवाओं से प्राप्त होनेवाली आय को क्या कहा जाता है ?

(अ) कर-आय (ब) प्रशासनिक आय

(स) व्यावसायिक आय (द) राजस्व आय

711. ऐसी वस्तुएँ, जिनसे अल्पकाल में तो संतुष्टि प्राप्त होती है, परंतु दीर्घकाल में उपयोग से कार्यक्षमता घटती है, जैसे—अफीम, भाँग, चरस···, पर लगाया गया आर्थिक भार क्या कहलाता है ?

(अ) महसूल (ब) कर

(स) जुर्माना (द) शुल्क

उत्तर के लिए कृपया पृष्ठ सं. 177 देखें।

712. निम्नलिखित में से कौन अ-कर आय नहीं है?
(अ) फीस व जुर्माना (ब) सीमा-शुल्क
(स) अनुदान एवं उपहार (द) प्रशासनिक व व्यावसायिक आय

कर व उसके सिद्धांत

713. कर इस प्रकार लगाना चाहिए कि उससे जितनी आय सरकार को प्राप्त हो, उससे अधिक पैसा उपभोक्ता की जेब से निकले—करारोपण का यह कौन सा सिद्धांत है?
(अ) मितव्ययिता का सिद्धांत (ब) सुविधा का सिद्धांत
(स) निश्चितता का सिद्धांत (द) समानता का सिद्धांत

714. एक अच्छी कर प्रणाली के प्रमुख लक्षण में क्या सम्मिलित नहीं है?
(अ) प्रत्यक्ष व परोक्ष करों में समन्वय
(ब) अधिकतम सामाजिक लाभ की भावना पर आधारित
(स) करारोपण के सिद्धांतों के अनुरूप
(द) अधिकतम संभव आय प्राप्त करना

715. वह कर, जो जिसपर लगाया जाता है, उसे ही भुगतान करना होता है, क्या कहलाता है?
(अ) परोक्ष कर (ब) प्रत्यक्ष कर
(स) विशिष्ट कर (द) आनुपातिक कर

716. प्रत्यक्ष कर का गुण क्या है?
(अ) जिसपर लगाया जाता है, उसी को भुगतान करना होता है
(ब) कर देने से सरलता से बचा जा सकता है
(स) इसका विवर्तन सरल है
(द) वस्तु के मूल्य के साथ जुड़ा हुआ होता है

717. वह कर, जिसे जिसपर लगाया जाता है, वह उसका बोझ दूसरों पर डाल देता है, क्या कहलाता है?
(अ) परोक्ष कर (ब) संपत्ति कर
(स) आय कर (द) गृह कर

718. परोक्ष करों के गुण में निम्नलिखित में से क्या सम्मिलित नहीं है?

उत्तर के लिए कृपया पृष्ठ सं. 177 देखें।

(अ) वस्तु के मूल्य के साथ जुड़े होने के कारण चुकाना सरल

(ब) कर का विवर्तन संभव नहीं है

(स) बचत व निवेश को बढ़ाने में सहायक

(द) सभी के लिए समान कर होता है

719. रेखी समिति किससे संबंधित है ?

(अ) प्रत्यक्ष कर (ब) कृषि-जोत कर

(स) परोक्ष कर (द) कर-सुधार

720. निम्नलिखित में से कौन सा प्रत्यक्ष कर है ?

(अ) बिक्री कर (ब) सीमा शुल्क

(स) आय कर (द) उत्पादन कर

721. निम्नलिखित में से कौन सा परोक्ष कर है ?

(अ) आय कर (ब) प्रवेश कर

(स) उत्तराधिकार कर (द) संपत्ति कर

722. परोक्ष करों की प्रमुख कमी क्या है ?

(अ) ये प्रतिगामी होते हैं (ब) ये न्यायपूर्ण नहीं होते

(स) ये बेरोजगारी बढ़ाते हैं (द) उपर्युक्त सभी

723. जब सभी आय स्तरवाले व्यक्तियों को समान दर से कर देना होता है, तो इस प्रकार के कर को क्या कहा जाता है ?

(अ) आनुपातिक कर (ब) प्रगतिशील कर

(स) प्रतिगामी कर (द) अधोगामी कर

724. जब आय बढ़ने के साथ कर की दर बढ़ती जाती है तो वह कौन सा कर कहलाता है ?

(अ) आनुपातिक (ब) प्रगतिशील

(स) प्रतिगामी (द) अधोगामी कर

725. निम्नलिखित में से कौन सा कथन असत्य है ?

(अ) प्रगतिशील कर की स्थिति में कर की दर व कर राजस्व में धनात्मक संबंध होता है

(ब) प्रगतिशील कर न्यायपूर्ण होते हैं

(स) प्रतिगामी कर गरीबों के लिए अच्छे होते हैं

उत्तर के लिए कृपया पृष्ठ सं. 177 देखें।

(द) आनुपातिक कर का निर्धारण सरल होता है

726. जब आय बढ़ने के साथ कर की दर कम होती जाती है, तब वह क्या कहलाता है?

(अ) आनुपातिक कर (ब) प्रगतिशील कर

(स) प्रतिगामी कर (द) अधोगामी कर

727. हमारे देश में आय कर की दरें कैसी हैं?

(अ) प्रगतिशील (ब) आनुपातिक

(स) प्रतिगामी (द) अधोगामी

728. "सरकार के द्वारा प्रदान की गई सुविधाओं के आधार पर ही कर लिया जाना चाहिए।" करारोपण का सिद्धांत है—

(अ) आय का सिद्धांत (ब) सेवा-लागत का सिद्धांत

(स) कर-देय योग्यता का सिद्धांत (द) समानुपातिक त्याग का सिद्धांत

729. व्यक्ति की योग्यता के अनुसार कर लिये जाने की बात किसमें कही गई है?

(अ) लाभ के सिद्धांत में (ब) सेवा-लागत के सिद्धांत में

(स) कर-देय योग्यता सिद्धांत में (द) समानुपातिक त्याग के सिद्धांत में

730. "कर इस प्रकार से लगाया जाना चाहिए कि करदाता का त्याग न्यूनतम हो।"—यह कौन सा सिद्धांत है?

(अ) न्यूनतम त्याग का सिद्धांत (ब) समानुपातिक त्याग का सिद्धांत

(स) लाभ का सिद्धांत (द) सेवा-लागत का सिद्धांत

731. निम्नलिखित में से अनमेल को छाँटिए—

(अ) सेवा लागत सिद्धांत—प्रो. ब्यूहलर

(ब) न्यूनतम त्याग का सिद्धांत—प्रो. आर.एल. जैन

(स) समान त्याग का सिद्धांत—डाल्टन

(द) कर देय-योग्यता का सिद्धांत—एडम स्मिथ

732. "सरकार को चाहिए कि अधिकतम कल्याण को ध्यान में रखते हुए करारोपण करे।"—यह किसका विचार है?

(अ) मार्शल का (ब) पीगू का

(स) लॉर्ड स्टांप का (द) कोलबर्ट का

733. "बतख को इस प्रकार नोचो कि वह कम-से-कम चिल्लाए और उसके

उत्तर के लिए कृपया पृष्ठ सं. 177 देखें।

अधिक-से-अधिक पंख निकल आएँ।''—करारोपण पर यह विचार किसने दिया था?

(अ) पीगू ने (ब) डॉ. अल्पना सैनी

(स) कोलबर्ट ने (द) लॉर्ड स्टांप ने

734. डॉ. मसग्रेव ने कर-भार एवं उसके न्यायपूर्ण वितरण को किस आधार पर हल करने का प्रयास किया?

(अ) कर देने की योग्यता (ब) त्याग

(स) सेवा-लागत (द) बजट-नीति निर्धारण सिद्धांत

735. ''जिस व्यक्ति पर कर लगाया जाता है, वह उस कर को दूसरे व्यक्ति पर टाल देता है।''—इसे क्या कहा जाता है?

(अ) कर-विवर्तन (ब) करापात

(स) कर-भार (द) कर-वंचना

736. जिस व्यक्ति पर कर लगाया जाता है, वह यदि उसे नहीं चुकाता है, तो इसे क्या कहा जाता है?

(अ) कर-विवर्तन (ब) करापात

(स) कर-भार (द) कर-वंचना

737. जिस वस्तु की माँग पूर्ण लोचदार होती है, उस वस्तु पर कर लगाने पर कर का भार कौन वहन करता हैं?

(अ) पूरा क्रेता (ब) पूरा विक्रेता

(स) विक्रेता अधिक क्रेता कम (द) केता अधिक विक्रेता कम

738. पूर्ण बेलोचदार माँग की लोचवाली वस्तु पर लगाए गए कर का भार कौन वहन करता है?

(अ) पूरा क्रेता (ब) पूरा विक्रेता

(स) कुछ क्रेता, कुछ विक्रेता (द) क्रेता अधिक, विक्रेता कम

739. यदि वस्तु की पूर्ति पूर्ण लोचदार हो तो कर-भार किसके द्वारा वहन किया जाता है?

(अ) पूरा क्रेता द्वारा (ब) पूरा विक्रेता द्वारा

(स) विक्रेता अधिक क्रेता कम (द) क्रेता अधिक विक्रेता कम

740. यदि वस्तु की पूर्ति बेलोचदार हो तो कर-भार किसे वहन करना होगा?

उत्तर के लिए कृपया पृष्ठ सं. 177 देखें।

(अ) पूरा क्रेता को (ब) पूरा विक्रेता को
(स) कुछ क्रेता, कुछ विक्रेता को (द) दोनों को बराबर

741. किस प्रकार के उद्योग पर कर लगाया जाना चाहिए?
(अ) उत्पत्ति वृद्धि नियम में कार्यरत
(ब) उत्पत्ति समता नियम में कार्यरत
(स) उत्पत्ति ह्रास नियम में कार्यरत
(द) लागत ह्रास नियम में कार्यरत

742. उत्पत्ति समता नियम के अंतर्गत कार्यरत फर्म पर करारोपण का भार किसे सहन करना होता है?
(अ) उपभोक्ता को
(ब) विक्रेता को
(स) दोनों को बराबर
(द) विक्रेता को अधिक क्रेता को कम

743. किस कर को कोई एकाधिकारी उपभोक्ताओं पर विवर्तित कर देता है?
(अ) उत्पत्ति की मात्रा पर आधारित कर
(ब) लाभ पर लगाया गया कर
(स) कुल आय पर लगाया गया कर
(द) लाभ व कुल आय दोनों पर लगाए गए कर को

744. यदि मकानों की माँग की तुलना में पूर्ति अधिक हो तो मकानों पर लगाया गया कर कौन वहन करेगा?
(अ) किराएदार
(ब) मकान मालिक
(स) दोनों आधा-आधा
(द) किराएदार अधिक मकान मालिक कम

745. व्यक्ति की मृत्यु के बाद उसकी छोड़ी हुई संपत्ति पर जो कर लगाया जाता है, वह क्या कहलाता है?
(अ) संपत्ति कर (ब) परिवर्तन कर
(स) उत्तराधिकार कर (द) पूँजी कर

746. निम्नलिखित में से किस कर का विवर्तन करना संभव नहीं है?

उत्तर के लिए कृपया पृष्ठ सं. 177 देखें।

(अ) आयात कर (ब) उत्तराधिकार कर
(स) लाभ कर (द) भूमि कर

747. मृत्यु की संपत्ति पर उसके उत्तराधिकारियों में बँटने से पूर्व लगे कर को क्या कहा जाता है?
(अ) जायदाद कर (ब) उत्तराधिकार कर
(स) संपत्ति कंर (द) मृत्यु कर

748. अधिकांशतया बिक्री कर का भुगतान किनके द्वारा किया जाता है?
(अ) उत्पादकों द्वारा (ब) विक्रेताओं द्वारा
(स) क्रेताओं द्वारा (द) सरकार द्वारा

749. किसी देश की विदेशी मुद्रा के समस्त लेन–देनों पर जो कर लगाया जाता है, उसे क्या कहा जाता है?
(अ) मुद्रा कर (ब) टोबीन कर
(स) आयात कर (द) लेन–देन कर

750. किसी देश के निवासियों की करदान–क्षमता को प्रभावित करनेवाले तत्त्व कौन से हैं?
(अ) समाज में धन का वितरण (ब) जनसंख्या की मात्रा
(स) करदाताओंकी मनोवृत्ति (द) उपर्युक्त सभी

751. "कर दान–क्षमता की सीमा उस बिंदु पर आती है जहाँ पर करारोपण से उत्पादन प्रभावित होता है।" यह कथन किसका है?
(अ) डॉ. भार्गव (ब) प्रो. ऐलिंगर
(स) मैसन (द) प्रो. फिंडले शिराज

752. भारत में कर–प्रणाली में सुधार हेतु गठित समिति कौन सी थी?
(अ) राजाचलैया समिति (ब) राज समिति
(स) चक्रवर्ती समिति (द) सरकारिया समिति

753. जब उत्पादन के हर चरण पर बढ़े हुए मूल्य की मात्रा पर करारोपण किया जाए, तो इसे क्या कहा जाता है?
(अ) प्रत्यक्ष कर (ब) सनवेट
(स) मूल्यवर्द्धन कर (वेट) (द) मात्रा कर

754. हमारे देश में मोडवेट (MODVAT) की सिफारिश किसके द्वारा की गई है?

उत्तर के लिए कृपया पृष्ठ सं. 177-178 देखें।

(अ) झा समिति द्वारा (ब) चक्रवर्ती समिति द्वारा
(स) वाणिज्य कर आयोग द्वारा (द) राजा रमन्ना समिति द्वारा

755. मोडवेट (MODVAT) के पक्ष में कौन से तर्क दिए जाते हैं?
(अ) प्रशासनिक दृष्टि से सुविधाजनक है एवं कर-चोरी की संभावना बहुत कम है
(ब) उत्पादन-मूल्य पर कर देय होने के कारण कार्यकुशलता को प्रोत्साहित करता है
(स) इसमें लागतों व कीमतों में चक्रीय वृद्धि नहीं होती है
(द) उपर्युक्त सभी

756. केंद्रीय मूल्य वर्धित कर (Cen VAT) आरोपित किया जाता है—
(अ) संपूर्ण उत्पादन के अंतिम मूल्य पर
(ब) उत्पादन में प्रयुक्त कच्चे माल की लागत पर
(स) उत्पादन व बिक्री के अंतिम मूल्यों पर
(द) उत्पादन व मध्य बिक्री के प्रत्येक चरण पर

757. यदि आय की माँग बेलोचदार हो तो क्या करना चाहिए?
(अ) आयकर लगाया जाना चाहिए
(ब) आयकर नहीं लगाया जाना चाहिए
(स) आयकर लगाया जा सकता है और नहीं भी
(द) आयकर की जगह सेवा कर लगाना चाहिए

758. ''यदि आय की माँग बेलोचदार हो तो कर की दर बढ़ा दो और यदि आय की माँग लोचदार हो तो कर की दर घटा दो।''—यह किसका कथन है?
(अ) मसग्रेव का (ब) डाल्टन का
(स) फिंडले शिराज का (द) श्रीमती हिक्स का

सार्वजनिक ऋण व संघीय वित्त

759. हमारे देश में बढ़ते हुए सरकारी ऋणों के कारणों में क्या सम्मिलित नहीं है?
(अ) जनोपयोगी सेवाओं का संचालन
(ब) आर्थिक स्थिरता एवं स्थायित्व लाना
(स) राजनीतिक उद्देश्यों व प्रशासनिक खर्चों की पूर्ति

उत्तर के लिए कृपया पृष्ठ सं. 178 देखें।

(द) अर्थव्यवस्था का समाजवादी स्वरूप

760. किस परिस्थिति में सरकार को करारोपण के स्थान पर ऋण लेकर साधन जुटाने चाहिए?

(अ) प्राकृतिक आपदा व युद्धकालीन वित्त व्यवस्था

(ब) मुद्रा स्फीति की स्थिति

(स) सामान्य सरकारी खर्चों हेतु

(द) अनार्थिक परियोजना हेतु

761. दीर्घकालीन ऋणों में निम्नलिखित में से कौन सा गुण नहीं पाया जाता है?

(अ) वर्तमान पीढ़ी पर भार नहीं पड़ना

(ब) मुद्रास्फीति पर प्रभाव नहीं पड़ेगा

(स) आर्थिक विकास हेतु उपयुक्त

(द) भुगतान का सुविधाजनक होना

762. ऐसे ऋण, जिनका भुगतान ब्याज सहित एक निश्चित अवधि के भीतर कर देना होता है, क्या कहलाते हैं?

(अ) शोध्य ऋण (ब) अशोध्य ऋण

(स) समयबंद ऋण (द) जमानती ऋण

763. "सार्वजनिक ऋण से फिजूलखर्ची, बेकार के युद्ध और बुरी आर्थिक दशा उत्पन्न होती है।"—यह विचार किसका था?

(अ) डाल्टन (ब) एडम स्मिथ

(स) फिंडले शिराज (द) केंज

764. निम्नलिखित में से कौन सा ऋण व्यक्तिगत ऋण है?

(अ) सड़क-निर्माण हेतु लिया गया ऋण

(ब) मकान-निर्माण हेतु लिया गया ऋण

(स) सिंचाई परियोजना हेतु लिया गया ऋण

(द) रेल परिवहन हेतु लिया गया ऋण

765. निम्नलिखित में से कौन सा ऋण अनुत्पादक ऋण है?

(अ) लोहा-इस्पात उद्योग लगाने हेतु लिया गया ऋण

(ब) नदी घाटी परियोजना हेतु लिया गया ऋण

(स) बच्चों के लिए दोपहर के भोजन हेतु लिया गया ऋण

उत्तर के लिए कृपया पृष्ठ सं. 178 देखें।

(द) खाद व सीमेंट कारखाने की स्थापना हेतु लिया गया ऋण

766. निम्नलिखित में से कौन सा ऋण उत्पादक है?

(अ) शिक्षा-विकास हेतु लिया गया ऋण

(ब) पेंशन-सुविधा प्रदान करने हेतु लिया गया ऋण

(स) बेरोजगारी भत्ता प्रदान करने हेतु लिया गया ऋण

(द) ब्याज चुकाने हेतु लिया गया ऋण

767. सार्वजनिक चरणों के संदर्भ में निम्नलिखित में से कौन सा कथन असत्य है?

(अ) इनसे फिजूलखर्ची को बढ़ावा मिलता है

(ब) इनका प्रयोग हमेशा उत्पादक कार्यों में होता है

(स) मुद्रास्फीति की दर कम करने में सहायक है

(द) दीर्घकालीन उत्पादक परियोजना हेतु उपयुक्त है

768. जब सरकार बजट घाटे की पूर्ति के लिए मुद्रा की पूर्ति में वृद्धि करती है तो इसको क्या कहा जाता है?

(अ) हीनार्थ प्रबंध (ब) अतिरिक्त मुद्रा पूर्ति

(स) राजकीय ऋण (द) करारोपण

769. घाटे की वित्त-व्यवस्था का उद्देश्य क्या है?

(अ) मंदी काल को दूर करना

(ब) कीमतों में कमी लाना

(स) सरकार की आय में वृद्धि करना

(द) मुद्रा स्फीति को रोकना

770. घाटे की वित्त-व्यवस्था से क्या प्रभावित होता है?

(अ) सरकारी नियंत्रण (ब) प्राकृतिक प्रकोप

(स) उपभोग (द) सरकारी उत्पादन

771. घाटे की वित्त व्यवस्था के गुणक प्रभाव सकारात्मक होने के आधार पर सर्वप्रथम इसका समर्थन किसने किया?

(अ) इरविंग फिशर (ब) जे.एम. कीन्स

(स) फिंडले शिराज (द) डाल्टन

772. निम्नलिखित में से किसे युद्ध वित्त हेतु उपयुक्त नहीं समझा जाता है?

उत्तर के लिए कृपया पृष्ठ सं. 178 देखें।

(अ) आंतरिक ऋण (ब) हीनार्थ सहायता
(स) करारोपण (द) आर्थिक सहायता

773. युद्ध के समय किसे लाभ की प्राप्ति होती है?
(अ) गरीब मजदूर को (ब) पूँजीपति को
(स) मध्यम वर्ग को (द) सेना के कर्मचारी को

774. ''बड़ी थैली ही युद्ध जीतती है, सबसे बड़ी तलवार नहीं, क्योंकि मुद्रा ही शक्ति है।'' यह किसका कथन है?
(अ) ऑर्थर लेविस (ब) स्टीनर
(स) डेनियल डिफो (द) रॉबर्ट पील

775. आर्थिक विकास की दर बढ़ाने हेतु आवश्यक व्यय की व्यवस्था का सबसे उपयुक्त साधन किसे माना जाता है?
(अ) करारोपण (ब) सार्वजनिक ऋण
(स) हीनार्थ प्रबंधन (द) विदेशी अनुदान

776. निम्नलिखित में से कौन सा साधन सरकार की आंतरिक आय-प्राप्ति का मुख्य साधन है?
(अ) सार्वजनिक ऋण (ब) करारोपण
(स) हीनार्थ प्रबंधन (द) विदेशी सहायता व अनुदान

777. विदेशी ऋणों के विपक्ष में कौन सा तर्क नहीं दिया जाता है?
(अ) विदेशी ऋण अनुत्पादक होते हैं
(ब) जरूरत के समय उपलब्ध नहीं होते
(स) विदेशी आर्थिक उपनिवेश बनने का खतरा
(द) अनावश्यक विदेशी हस्तक्षेप का बढ़ना

778. केंद्रीय व राज्य सरकारों के वित्तीय संबंधों एवं उनके मध्य समन्वय का आशय क्या समझा जाता है?
(अ) आर्थिक संबंध (ब) वित्तीय संबंध
(स) संघीय वित्त (द) मौद्रिक संबंध

779. संघीय वित्त के सिद्धांतों में निम्नलिखित में से कौन सा सम्मिलित नहीं है?
(अ) स्वतंत्रता का सिद्धांत
(ब) एकात्मक शासन व्यवस्था सिद्धांत

उत्तर के लिए कृपया पृष्ठ सं. 178 देखें।

(स) एकरूपता का सिद्धांत

(द) मितव्ययता व कार्यकुशलता का सिद्धांत

780. आय की असमानता को कम करने के लिए सरकार को इनमें से कौन सा उपाय काम में नहीं लाना चाहिए?

(अ) अमीरों पर प्रगतिशील करारोपण

(ब) गरीबों हेतु रोजगार के अवसरों में वृद्धि

(स) सार्वजनिक व्यय का बड़ा भाग गरीबों के लाभ हेतु

(द) सभी पर समान दर से करारोपण

781. वह नीति, जिसके तहत सरकार उच्च रोजगार, कीमत-स्थिरता, विदेशी व्यापार में संतुलन, आर्थिक विकास में वृद्धि आदि करती है, क्या कहलाती है?

(अ) मौद्रिक नीति (ब) राज़कोषीय नीति

(स) ऋण नीति (द) विदेश-व्यापार नीति

782. राजकोषीय नीति के तहत रोजगार में वृद्धि हेतु क्या किया जाता है?

(अ) सार्वजनिक व्यय की मात्रा

(ब) घाटे का बजट बनाना

(स) उपर्युक्त (अ) व (ब) दोनों

(द) बेरोजगारी भत्ता देना प्रारंभ करना

783. 'कार्यात्मक वित्त' का प्रयोग सर्वप्रथम किसके द्वारा किया गया था?

(अ) ए.पी. लर्नर (ब) ब्यूहलर

(स) फिंडले शिराज (द) ऐलिंगर

784. "जिस ढंग से सार्वजनिक वित्तीय उपाय समाज में कार्य करते हैं, उसे कार्यात्मक वित्त कहा जाता है।" यह कथन किसका है?

(अ) फिंडले शिराज (ब) डॉ. बी.आर. मिश्रा

(स) डॉ. एस.के. शर्मा (द) ए.पी. लर्नर

785. वर्ष भर की सार्वजनिक आय एवं सार्वजनिक व्यय की स्वीकृत योजना को क्या कहा जाता है?

(अ) बजट (ब) सार्वजनिक लेखा

(स) सरकारी नीति (द) वित्तीय लेखा

786. निम्नलिखित में से कौन सी विशेषता एक बजट की नहीं होती है?

उत्तर के लिए कृपया पृष्ठ सं. 178 देखें।

(अ) वर्ष भर का विवरण (ब) नगदी का आधार
(स) पंचवर्षीय योजना (द) बचतों को लौटाया जाना

787. निम्नलिखित में से कौन सी मद पर बजट में रखी राशि मतदान योग्य है ?
(अ) राष्ट्रपति का वेतन (ब) रक्षा पर किया गया व्यय
(स) न्यायाधीशों का वेतन (द) पुराने ऋण का ब्याज चुकाना

788. हमारे देश में बजट आलेख बन जाने पर उसे सर्वप्रथम किसके समक्ष प्रस्तुत किया जाता है ?
(अ) राष्ट्रपति महोदय (ब) प्रधानमंत्री महोदय
(स) संसद् (द) भारतीय रिजर्व बैंक

789. जब सरकार की आय की तुलना में व्यय अधिक होता है, तो इसे क्या कहा जाता है ?
(अ) संतुलित बजट (ब) घाटे का बजट
(स) आधिक्य का बजट (द) आपातकालीन बजट

790. "बजट एक ऐसा प्रलेख है जिसमें सार्वजनिक आय व सार्वजनिक व्यय की एक स्वीकृत योजना होती है।" यह कथन किसका है ?
(अ) गेस्टन गेज (ब) रैन स्टोर्न
(स) ग्लेडस्टोन (द) बेस्टेबिल

791. बजट सिद्धांतों में निम्नलिखित में से कौन सा शामिल नहीं है ?
(अ) वार्षिक संतुलन का बजट (ब) चक्रीय रूप से संतुलित बजट
(स) आधिक्य संतुलन का बजट (द) पूर्ण प्रतिबंधित क्षतिपूरक बजट

792. एक आदर्श बजट के संदर्भ में निम्नलिखित में से क्या असत्य है ?
(अ) मितव्ययी (ब) राजनीतिक
(स) संतुलित (द) व्यापकता

793. राज्य सरकार की आय का स्रोत निम्नलिखित में से कौन सा है ?
(अ) निगम कर (ब) कृषि-आय कर
(स) सीमा कर (द) आय कर

794. निम्नलिखित में से कौन भारत सरकार की आय का एक स्रोत है ?
(अ) सीमा शुल्क (ब) मनोरंजन कर
(स) पथ कर (द) वाहन कर

उत्तर के लिए कृपया पृष्ठ सं. 178 देखें।

795. निम्नलिखित में से किस मद से राज्य व केंद्र—दोनों सरकारों को आय की प्राप्ति होती है?

(अ) मनोरंजन कर (ब) सीमा कर

(स) यात्री व माल भाड़े पर कर (द) निगम कर

796. वित्त आयोग की स्थापना का उद्देश्य है—

(अ) राज्यों की बजट संबंधी आवश्यकताओं की जाँच करना

(ब) राज्यों को करों के निर्धारण के संबंध में राय देना

(स) राज्य सरकारों का बजट बनवाना

(द) केंद्र सरकार का बजट बनवाना

797. वित्त आयोग का गठन संविधान के किस अनुच्छेद के तहत किया गया है?

(अ) अनुच्छेद 275 (ब) अनुच्छेद 280

(स) अनुच्छेद 72 (द) अनुच्छेद 142

798. वित्त आयोग का गठन कितने वर्षों के लिए होता है?

(अ) चार (ब) पाँच

(स) छह (द) आठ

799. निम्नलिखित में से कौन सा कथन असत्य है?

(अ) वित्त आयोग का गठन राष्ट्रपति महोदय द्वारा दिया जाता है

(ब) ये केंद्र से राज्यों को वित्तीय हस्तांतरण के बारे में सुझाव देते हैं

(स) इनका गठन प्रतिवर्ष किया जाता है

(द) इसमें अध्यक्ष के अतिरिक्त चार अन्य सदस्य होते हैं

800. निम्नलिखित में से अनमेल को छाँटिए—

(अ) पहला वित्त आयोग—के.सी. नियोगी

(ब) ग्यारहवाँ वित्त आयोग—ए.एम. खुसरो

(स) दसवाँ वित्त आयोग—वाई.बी. चव्हाण

(द) बारहवाँ वित्त आयोग—सी. रंगराजन

801. बारहवें वित्त आयोग की सिफारिशें लागू करने की अवधि क्या है?

(अ) 2005–10 (ब) 2000–05

(स) 2002–07 (द) 2003–08

802. देश में लगातार बढ़ते प्रतिरक्षा-व्यय का कारण क्या है?

उत्तर के लिए कृपया पृष्ठ सं. 178-179 देखें।

(अ) पड़ोसियों से तनावपूर्ण संबंध (ब) कीमत-स्तर में वृद्धि
(स) सेना का आधुनिकीकरण (द) उपर्युक्त सभी

803. निम्नलिखित में से किस व्यय को गैर-विकास व्यय की संज्ञा दी जा सकती है?
(अ) शिक्षा पर व्यय (ब) कृषि-विकास और पशुपालन
(स) ऋणभार के संग्रह पर व्यय (द) सिंचाई तथा विद्युत् विकास

804. निम्नलिखित में से कौन सा व्यय राज्य सरकार के द्वारा नहीं किया जाता है?
(अ) शिक्षा (ब) प्रतिरक्षा
(स) कृषि विकास व पशुपालन (द) सिंचाई व विद्युत् विकास

805. निम्नलिखित में से अनमेल को छाँटिए—
(अ) सिंचाई एवं विद्युत् विकास—विकास व्यय
(ब) नागरिक प्रशासन—गैर-विकास व्यय
(स) प्राकृतिक आपदा प्रबंधन व्यय—विकास व्यय
(द) ऋण का ब्याज—गैर-विकास व्यय

806. कर पर लगाए जानेवाले कर को क्या कहा जाता है?
(अ) सरचार्ज (ब) अतिकर
(स) कर पर कर (द) सतत कर

807. कौन सा उपहार करमुक्त नहीं है?
(अ) भूदान आंदोलन को दिए गए उपहार
(ब) बच्चों की शिक्षा या संस्थाओं को दिए गए उपहार
(स) पति द्वारा पत्नी को दिए गए एक लाख दस हजार के उपहार
(द) केंद्र, राज्य व स्थानीय संस्थाओं को दिए जानेवाले उपहार

808. निम्नलिखित में से सरकार का कर-आय साधन कौन सा है?
(अ) शुल्क (ब) उत्पादन शुल्क
(स) प्रशासनिक सेवाएँ (द) डाक व तार विभाग

809. निम्नलिखित में से कौन सा कर राज्य सरकार की आय का साधन है?
(अ) आय कर (ब) भू-राजस्व कर
(स) संपत्ति कर (द) उत्पादन कर

810. देश में सर्वप्रथम किस राज्य ने बिक्री कर लगाया था?
(अ) मध्य प्रदेश (ब) राजस्थान

उत्तर के लिए कृपया पृष्ठ सं. 179 देखें।

(स) उत्तर प्रदेश (द) हरियाणा

811. देश में मनोरंजन कर सर्वप्रथम किस राज्य सरकार ने लगाया?

(अ) असम (ब) राजस्थान

(स) पं. बंगाल (द) उत्तर प्रदेश

812. मालगुजारी कर किसपर लगाया जाता है?

(अ) आय पर (ब) उत्पादन पर

(स) परिवहन पर (द) भूमि पर

813. राज्य वित्त के संदर्भ में निम्नलिखित में से कौन सा कथन असत्य है?

(अ) राज्यों की आय का मुख्य स्रोत प्रत्यक्ष कर है

(ब) राज्यों में बजटों की प्रवृत्ति घाटे की रही है

(स) राज्यों को केंद्र से प्राप्त वित्तीय सहायता में वृद्धि हुई है

(द) राज्यों में गैर-विकास व्यय बढ़ते जा रहे हैं

814. भारतीय कर-प्रणाली की सामान्य विशेषताओं में क्या सम्मिलित नहीं है?

(अ) यह करारोपण के सिद्धांतों के अनुकूल है

(ब) यह अधिकतम सामाजिक लाभ की भावना के अनुकूल है

(स) कर-प्रणाली का क्षेत्र विस्तृत है

(द) परोक्ष कर की तुलना में प्रत्यक्ष कर से अधिक राजस्व की प्राप्ति

815. ''काला धन देश की अर्थव्यवस्था में घुन की तरह लग गया है, यदि इसपर समय रहते प्रतिबंध नहीं लगाया गया तो यह विनाश कर देगा।'' यह कथन किसका है?

(अ) वांचू समिति (ब) चौकसी समिति

(स) राज समिति (द) चलैया समिति

816. देश में बढ़ते काले धन के कारणों में निम्नलिखित में से क्या सम्मिलित नहीं है?

(अ) प्रत्यक्ष करों की ऊँची दरें

(ब) कर कानूनों का प्रभावी ढंग से लागू न होना

(स) अति उत्पादन की समस्या

(द) नैतिकता में गिरावट

☐

उत्तर के लिए कृपया पृष्ठ सं. 179 देखें।

4

अंतरराष्ट्रीय अर्थशास्त्र

अंतरराष्ट्रीय व्यापार का अर्थ व उसके सिद्धांत

817. लाभ प्राप्त करने के उद्‌देश्य से विभिन्न व्यक्तियों अथवा व्यक्ति समूहों के बीच वस्तुओं के विनिमय को क्या कहा जाता है?

(अ) वस्तु विनिमय (ब) समूह विनिमय

(स) राशिपालन (द) व्यापार

818. एडम स्मिथ किस प्रकार की व्यापार नीति के समर्थक थे?

(अ) कारटेल (ब) संरक्षण

(स) स्वतंत्र (द) नियंत्रित व्यापार

819. जब व्यापार देश की सीमा के अंदर ही एक क्षेत्र से दूसरे क्षेत्र के मध्य होता है, तो उसे क्या कहा जाता है?

(अ) अंतरराष्ट्रीय व्यापार (ब) अंतरक्षेत्रीय व्यापार

(स) विदेशी व्यापार (द) सीमा व्यापार

820. अंतरराष्ट्रीय व्यापार से मिलनेवाले लाभों में क्या सम्मिलित नहीं है?

(अ) श्रम-विभाजन व विशिष्टीकरण

(ब) रोजगार व आय में वृद्धि

(स) बाजार का विस्तृत क्षेत्र

(द) छोटे उद्योगों की रक्षा

821. अंतरराष्ट्रीय व आंतरिक व्यापार में सामान्यत: किसमें अंतर नहीं होता है?

(अ) साधनों की गतिशीलता में

उत्तर के लिए कृपया पृष्ठ सं. 179 देखें।

(ब) उत्पादन के उद्देश्य में

(स) व्यापार व विनिमय नियंत्रण में

(द) मुद्रा प्रणाली में

822. अंतरराष्ट्रीय व्यापार के लिए पृथक् सिद्धांत की आवश्यकता क्यों पड़ी?

(अ) क्योंकि सामान्य व्यापार सिद्धांत इसके लिए अनुपयुक्त था

(ब) प्रत्येक राष्ट्र के व्यापार का उद्देश्य अलग होता है

(स) देश की सीमा के मध्य साधन गतिशील होते हैं, परंतु विदेश स्तर पर ये गतिहीन हो जाते हैं

(द) अंतरराष्ट्रीय व्यापार घरेलू व्यापार की तरह स्वतंत्र नहीं होता है

823. किसी देश की सीमा के मध्य श्रम, पूँजी व उत्पादन के अन्य साधनों की गतिशीलता—

(अ) विदेश की तुलना में अधिक होती है

(ब) विदेश के समान ही होती है

(स) विदेश की तुलना में कम होती है

(द) विदेश की तुलना में कभी कम कभी अधिक होती है

824. अंतरराष्ट्रीय व्यापार का तुलना लागत सिद्धांत किसने प्रतिपादित किया था?

(अ) डेविड रिकॉर्डो (ब) हेबरलर

(स) हेक्शर ओहलिन (द) प्रो. मार्शल

825. एक व्यक्ति जूते व टोपी—दोनों बनाने में दूसरे से श्रेष्ठ है, परंतु जूते की तुलना में वह टोपी में दूसरे से अधिक आनुपातिक श्रेष्ठता रखता है, तो उसे क्या उत्पादित करना चाहिए?

(अ) केवल जूते (ब) केवल टोपी

(स) दोनों (द) टोपी अधिक जूते कम

826. यदि भारत का एक श्रमिक दो इकाई कपड़ा व एक इकाई शराब बना सकता है और अमेरिका का एक इकाई कपड़ा व दो इकाई शराब बना सकता है, तो भारतीय श्रमिक को किसका उत्पादन करना चाहिए?

(अ) केवल शराब (ब) शराब व कपड़ा—दोनों

(स) केवल कपड़ा (द) दोनों में से कुछ नहीं

827. जब प्रत्येक देश केवल एक वस्तु का उत्पादन अपेक्षाकृत कम लागत पर

उत्तर के लिए कृपया पृष्ठ सं. 179 देखें।

कर सकता है, तो इसे क्या कहा जाता है?

(अ) लागतों में निरपेक्ष अंतर (ब) लागतों में समान अंतर

(स) लागतों में तुलनात्मक अंतर (द) लागतों में स्थायी अंतर

828. जब एक देश दोनों ही वस्तुओं के उत्पादन में दूसरे देश से अधिक श्रेष्ठ होता है, तो इसे क्या कहा जाता है?

(अ) लागतों में समान अंतर (ब) लागतों में तुलनात्मक अंतर

(स) लागतों में पूर्ण अंतर (द) लागतों में निरपेक्ष अंतर

829. यदि अमेरिका हमारे देश से शराब उत्पादन में तीन गुना श्रेष्ठता व कपड़ा उत्पादन में दोगुनी श्रेष्ठता रखता है, तो तुलनात्मक लागत सिद्धांत के आधार पर उसे क्या उत्पादित करना चाहिए?

(अ) केवल शराब (ब) केवल कपड़ा

(स) दोनों ही वस्तुएँ (द) शराब अधिक कपड़ा कम

830. अंतरराष्ट्रीय व्यापार का माँग एवं पूर्ति का सिद्धांत किसके द्वारा दिया गया?

(अ) डेविड रिकार्डो (ब) जे.एस. मिल

(स) हेक्शर ओहलिन (द) प्रो. हेबरलर

831. ''अंतरराष्ट्रीय व्यापार का निर्धारण दो देशों के प्रस्ताव-वक्रों के कटान बिंदु पर होता है।''—यह किसका विचार था?

(अ) प्रो. मार्शल (ब) डेविड रिकॉर्डो

(स) जे.एम. मिल (द) हेक्शर ओहलिन

832. एडम स्मिथ के स्वतंत्र व्यापार की नीति के सिद्धांत का मुख्य बिंदु क्या था?

(अ) माँग एवं पूर्ति की शक्तियाँ (ब) श्रम विशिष्टीकरण

(स) सरकारी नियंत्रण में कमी (द) विदेशी व्यापार

833. रिकॉर्डो द्वारा प्रतिपादित मूल्य के श्रम-सिद्धांत का मुख्य बिंदु क्या था?

(अ) वस्तु का मूल्य उसमें लगी श्रम की मात्रा द्वारा निर्धारित होता है

(ब) श्रम का निर्धारण वस्तु के मूल्य से होता है

(स) श्रम ही उत्पादन का एकमात्र साधन है

(द) मूल्य का श्रम से कोई संबंध नहीं होता है

834. अवसर लागत से क्या तात्पर्य है?

उत्तर के लिए कृपया पृष्ठ सं. 179 देखें।

(अ) विकल्प उत्पादन की लागत (ब) उत्पादन की लागत
(स) अवसर की लागत (द) समय की लागत

835. अंतरराष्ट्रीय व्यापार का 'अवसर लागत का सिद्धांत' किसने प्रतिपादित किया था?
(अ) हेक्शर ओहलिन (ब) डेविड रिकॉर्डो
(स) प्रो. हेबरलर (द) प्रो. ग्राहम

836. एक व्यक्ति दिन भर में एक मेज अथवा दो कुरसियाँ बना सकता है, तो एक मेज की अवसर लागत कितनी होगी?
(अ) एक मेज (ब) दो कुरसियाँ
(स) एक मेज व दो कुरसियाँ (द) तीन कुरसियाँ

837. अवसर लागत सिद्धांत की कुछ महत्त्वपूर्ण मान्यताओं में निम्नलिखित में से कौन सी सम्मिलित नहीं है?
(अ) अर्थव्यवस्था में पूर्ण रोजगार पाया जाता है
(ब) साधन की कीमत सीमांत लागत के बराबर होती है
(स) अर्थव्यवस्था में पूर्ण प्रतियोगिता पाई जाती है
(द) पैमाने के वर्द्धमान प्रतिफल प्राप्त होते हैं

838. "वस्तुएँ गतिशील हैं, क्योंकि साधन गतिशील नहीं है।"—यह किसका कथन है?
(अ) रिकॉर्डो के सिद्धांत का (ब) हेक्शर ओहलिन के सिद्धांत का
(स) हेबरलर के सिद्धांत का (द) एडम स्मिथ के सिद्धांत का

839. अंतरराष्ट्रीय व्यापार व अंतरक्षेत्रीय व्यापार में एक समानता होती है—
(अ) दोनों में दूरियाँ समान होती हैं
(ब) दोनों में क्रेता एवं विक्रेता होते हैं
(स) दोनों में इसकी गतिशीलता समान होती है
(द) दोनों में विशिष्टता समान होती है

840. एक ऐसा देश, जहाँ श्रम काफी मात्रा में उपलब्ध है—
(अ) श्रमप्रधान वस्तु का आयात करेगा
(ब) श्रमप्रधान वस्तु का निर्यात करेगा
(स) पूँजीप्रधान वस्तु का आयात करेगा

उत्तर के लिए कृपया पृष्ठ सं. 179 देखें।

(द) (ब) व (स) सही है

841. अंतरराष्ट्रीय व्यापार में प्रत्येक देश उसी वस्तु का उत्पादन करेगा, जिसे वह—
(अ) अधिक-से-अधिक बना सके
(ब) न्यूनतम लागत में उत्पादित कर सके
(स) जो वस्तु दूसरा नहीं बना सके
(द) जिसमें लाभ की मात्रा सबसे अधिक हो

842. प्रो. हेबरलर ने अंतरराष्ट्रीय व्यापार का आधार किसे बताया था?
(अ) कुल लागतों में अंतर (ब) अवसर लागतों में अंतर
(स) सीमांत लागतों में अंतर (द) औसत लागतों में अंतर

843. अंतरराष्ट्रीय व्यापार को अंतरक्षेत्रीय व्यापार की ही एक विशिष्ट दशा किसने माना था?
(अ) हेक्शर ओहलिन (ब) डेविड रिकॉर्डो
(स) प्रो. मार्शल (द) हेबरलर

844. हेक्शर ओहलिन के अनुसार अंतरराष्ट्रीय व्यापार होने के कारणों में क्या सम्मिलित नहीं है?
(अ) दोनों देशों में साधनों की उपलब्धता व साधन संपत्तियों में अंतर
(ब) राष्ट्रों में भौगोलिक, पूँजीगत व आर्थिक साधनों के अनुपात में अंतर
(स) दोनों देशों के निवासियों की मानवीय योग्यताओं में अंतर
(द) दोनों देशों की राजनीतिक स्थितियों में अंतर होना

845. हेक्शर ओहलिन के अनुसार अंतरराष्ट्रीय व्यापार के फलस्वरूप दोनों देशों के साधनों की कीमत पर प्रभाव पड़ता है?
(अ) कीमतें बढ़ती हैं (ब) कीमतें घटती हैं
(स) कीमतें समान हो जाती हैं (द) निर्यातकर्ता देश में बढ़ती हैं

846. निर्यात में होनेवाली वृद्धि के फलस्वरूप राष्ट्रीय आय में वृद्धि निर्यात की कुछ गुणा हो जाती है। इसे क्या कहा जाता है?
(अ) गुणक (ब) विदेश व्यापार गुणक
(स) सुपर गुणक (द) सरकार व्यय गुणक

847. विदेश व्यापार गुणक की गणना कैसे की जाती है?

उत्तर के लिए कृपया पृष्ठ सं. 179-180 देखें।

(अ) $\frac{\text{निर्यात में वृद्धि}}{\text{राष्ट्रीय आय में वृद्धि}}$ (ब) $\frac{\text{राष्ट्रीय आय में परिवर्तन}}{\text{निर्यात में परिवर्तन}}$

(स) $\frac{\text{निर्यात में परिवर्तन}}{\text{आयात में परिवर्तन}}$ (द) $\frac{\text{आयात में परिवर्तन}}{\text{निर्यात में परिवर्तन}}$

848. 'किसी देश के आयात-निर्यातों में परिवर्तन होने से उस देश की राष्ट्रीय आय पर इसका प्रभाव पड़ता है। इसे क्या कहा जाता है?

(अ) बैकवाश प्रभाव (ब) आयात-निर्यात प्रभाव

(स) विदेश-व्यापार प्रभाव (द) राष्ट्रीय आय प्रभाव

849. यदि अंतरराष्ट्रीय व्यापार के फलस्वरूप अनाज का निर्यात किया जाता है तो लगान पर क्या प्रभाव होगा?

(अ) घटेगा (ब) बढ़ेगा

(स) स्थिर रहेगा (द) शून्य होगा

850. यदि कोई देश अनाज का आयात करता है तो उस देश की मजदूरी-दर पर क्या प्रभाव पड़ेगा?

(अ) घटेगी (ब) बढ़ेगी

(स) स्थिर रहेगी (द) घटती-बढ़ती रहेगी

851. अंतरराष्ट्रीय व्यापार से लाभ का क्या अनुमान लगाया जाता है?

(अ) उत्पादकता में परिर्वतन के आधार पर

(ब) व्यापार की शर्तों के आधार पर

(स) देश में कीमत-स्तर व रोजगार में परिवर्तन के आधार पर

(द) उपर्युक्त सभी आधारों पर

852. प्रतिष्ठित अर्थशास्त्रियों ने अंतरराष्ट्रीय व्यापार से लाभों की गणना करने के लिए जिन विधियों का प्रयोग किया, उनमें कौन सी सम्मिलित नहीं है?

(अ) तुलनात्मक लागत विधि (ब) मूल्यांकन विधि

(स) व्यापार की शर्तें (द) देश की वास्तविक आय में वृद्धि

853. अंतरराष्ट्रीय व्यापार-विश्लेषण में सर्वप्रथम उदासीनता वक्रों का प्रयोग किन अर्थशास्त्रियों ने किया था?

(अ) मार्शल एवं एजवर्थ (ब) प्रो. मीड एवं स्टोवस्की

(स) प्रो. लियंटीफ व हेबरलर (द) प्रो. पीगू व वालरस

उत्तर के लिए कृपया पृष्ठ सं. 180 देखें।

854. व्यापार की शर्तों का अनुमान कैसे लगाया जाता है?

(अ) $\frac{\text{निर्यातों का मूल्य}}{\text{आयातों का मूल्य}}$

(ब) $\frac{\text{आयातों का मूल्य}}{\text{निर्यातों का मूल्य}}$

(स) आयात मूल्य × निर्यात मूल्य

(द) आयातों का मूल्य + निर्यातों का मूल्य

855. यदि किसी देश के निर्यातों की मात्रा आयातों की मात्रा की तुलना में अधिक होती है, तो व्यापार की शर्तें क्या होंगी?

(अ) उस देश के अनुकूल होंगी

(ब) उस देश के प्रतिकूल होंगी

(स) दोनों देशों के प्रतिकूल होंगी

(द) दोनों देशों के अनुकूल होंगी

856. वर्तमान में अंतरराष्ट्रीय व्यापार से लाभ की गणना किस दृष्टिकोण के आधार पर की जाती है?

(अ) आर्थिक लाभ (ब) शुद्ध लाभ

(स) आर्थिक कल्याण (द) सामाजिक लाभ

857. एक देश को आयात पर निर्यात से प्राप्त राशि की तुलना में अधिक खर्च करना पड़ता है; व्यापार की शर्तें होंगी—

(अ) उस देश के अनुकूल (ब) उस देश के प्रतिकूल

(स) दोनों देशों के अनुकूल (द) दोनों देशों के प्रतिकूल

858. व्यापार की शर्तों को आज के विश्व का सबसे महत्त्वपूर्ण आर्थिक तथ्य किस अर्थशास्त्री के द्वारा बतलाया गया था?

(अ) प्रो. डी.एच. राबर्टसन (ब) प्रो. ए.जे. ब्राउन

(स) प्रो. टॉजिग (द) जे.एस. मिल

859. व्यापार की शर्तों के संबंध में निम्नलिखित में से कौन सा कथन असत्य है?

(अ) ये आयात व निर्यात मूल्यों से संबद्ध हैं

(ब) ये विदेशी विनिमय की आवश्यकता का अनुमान लगाने में सहायक हैं

उत्तर के लिए कृपया पृष्ठ सं. 180 देखें।

(स) अनुकूल व्यापार की शर्तें जीवन स्तर में वृद्धि करती हैं
(द) यदि हमारे निर्यातों की विदेशों में माँग पूर्ण लोचदार हो तो व्यापार की शर्तें अनुकूल होंगी

860. अल्प विकसित देशों के आर्थिक विकास हेतु व्यापार की शर्तें कैसी होनी चाहिए?

(अ) अनुकूल (ब) प्रतिकूल
(स) आंशिक अनुकूल (द) आंशिक प्रतिकूल

861. यदि किसी देश की व्यापार की शर्तें उसके अनुकूल होती हैं, तो उस देश का उत्पादन, रोजगार व आर्थिक विकास कैसा होगा?

(अ) तीनों में कमी होगी (ब) तीनों में वृद्धि होगी
(स) तीनों स्थिर रहेंगे (द) केवल उत्पाद व रोजगार बढ़ेंगे

862. अल्प विकसित राष्ट्रों को व्यापार की शर्तों में सुधार हेतु उठाए जा सकने वाले कदमों में निम्नलिखित में से क्या सम्मिलित नहीं है?

(अ) निर्यातों में वृद्धि व निर्यात-व्यापार को बहुमुखी बनाना
(ब) आयात की जानेवाली वस्तु का स्वदेश में उत्पादन करने हेतु प्रयास
(स) अल्प विकसित राष्ट्रों के मध्य पारस्परिक व्यापार में वृद्धि करने हेतु प्रयास करना
(द) देश के विदेशी व्यापार पर प्रतिबंध लगाना

विदेशी विनिमय-दर का निर्धारण व नियंत्रण

863. एक देश की मुद्रा के दूसरे देश की मुद्रा में मूल्य को क्या कहा जाता है?

(अ) मुद्रा-दर (ब) विनिमय-दर
(स) डॉलर-दर (द) मुद्रा की मूल्य-दर

864. "विदेशी विनिमय अंतरराष्ट्रीय मुद्राओं के परिवर्तन की कला और विज्ञान है।" यह कथन किसका है?

(अ) ब्रिटेनिका शब्दकोश (ब) हार्टले विदर्स
(स) स्नाइडर (द) थॉमस

865. जब विनिमय-दर रुपए में व्यक्त हो जाती है, तब गिरती हुई विनिमय-दर भारत के लिए कैसी होगी?

उत्तर के लिए कृपया पृष्ठ सं. 180 देखें।

(अ) अनुकूल (ब) प्रतिकूल
(स) स्थिर (द) आंशिक प्रतिकूल

866. यदि 1 डॉलर = 47 रुपए से घटकर विनिमय दर 1 डालर = 30 रुपए हो जाए, तो यह हमारे देश के लिए कैसी होगी?
(अ) प्रतिकूल (ब) अनुकूल
(स) स्थिर (द) डॉलर की मात्रा पर निर्भर

867. यदि 94 रुपए = 2 पाउंड से विनिमय-दर बढ़कर 94 रुपए = 1 पाउंड हो जाए, जो यह हमारे देश के लिए कैसी होगी?
(अ) अनुकूल (ब) प्रतिकूल
(स) स्थिर (द) आंशिक अनुकूल

868. सामान्यत: विदेशी मुद्रा की माँग इनमें से किसलिए नहीं की जाती है?
(अ) आयातों का भुगतान करने हेतु
(ब) विदेश में स्थित दूतावासों पर व्यय हेतु
(स) विदेशों में विनियोग व सहायता देने हेतु
(द) आंतरिक व्यापार के भुगतान हेतु

869. दो देशों में स्वर्णमान प्रचलित होने की स्थिति में विदेशी विनिमय-दर का निर्धारण कैसे होता था?
(अ) मुद्रा की माँग एवं पूर्ति के आधार पर
(ब) दोनों देशों में मुद्रा की क्रयशक्ति के आधार पर
(स) दोनों देशों की मुद्रा में उपलब्ध सोने की मात्रा के आधार पर
(द) दोनों देशों की सरकारों के मध्य हुए समझौतों के आधार पर

870. यदि हमारे देश का सोने का एक सिक्का 10 ग्राम का व अमेरिका के एक डॉलर में 2 ग्राम सोना हो, तो स्वर्णमान में विनिमय-दर कितनी होगी?
(अ) 1 रुपया = 4 डॉलर (ब) 1 रुपया = 5 डॉलर
(स) 1 रुपया = 3 डॉलर (द) 1 रुपया = 1 डॉलर

871. वर्तमान में दो देशों के मध्य विनिमय-दर के निर्धारण में स्वर्णमान की भूमिका कमजोर होने के कारणों में क्या सम्मिलित नहीं है?
(अ) वर्तमान में किसी भी देश ने स्वर्णमान नहीं अपनाया है
(ब) विभिन्न सरकारों ने स्वर्ण आयात-निर्यात पर प्रतिबंध लगा रखा है

उत्तर के लिए कृपया पृष्ठ सं. 180 देखें।

(स) आजकल लगभग सभी देशों में पत्रमान प्रचलित है एवं वह स्वर्ण में परिवर्तित नहीं है

(द) विकास के साथ-साथ सोने की मात्रा में कमी हुई है

872. अंतरराष्ट्रीय विनिमय-दर के निर्धारण हेतु प्रो. मार्शल के द्वारा प्रतिपादित सिद्धांत कौन सा है?

(अ) प्रतिपूरक माँग सिद्धांत (ब) देय सिद्धांत

(स) क्रयशक्ति समता सिद्धांत (द) विनिमय-समझौता सिद्धांत

873. क्रयशक्ति क्षमता सिद्धांत के अनुसार दो देशों के मध्य विनिमय-दर किस पर निर्भर करती है?

(अ) उन देशों की मुद्राओं की माँग एवं पूर्ति पर

(ब) उन देशों की मुद्राओं की आंतरिक क्रयशक्ति पर

(स) दोनों देशों की सरकारों के मध्य हुए समझौतों पर

(द) दोनों देशों की मुद्राओं में उपलब्ध सोने की मात्रा पर

874. वस्तुओं का कोई सेट भारत में 100 रुपए में खरीदा जाता है, यदि वही सेट पाकिस्तान में 200 रुपए में मिले, तो विनिमय-दर क्या होगी?

(अ) 1 भारतीय रुपया = 1 पाकिस्तानी रुपया

(ब) 1 भारतीय रुपया = 2 पाकिस्तानी रुपए

(स) 1 भारतीय रुपया = 3 पाकिस्तानी रुपए

(द) 1 भारतीय रुपया = 4 पाकिस्तानी रुपए

875. अमेरिका में 2 डॉलर में जितनी वस्तुएँ खरीदी जा सकती हैं, उतनी वस्तुएँ भारत में खरीदने हेतु यदि 90 रुपए व्यय करने पड़ें तो विनिमय-दर क्या होगी?

(अ) 1 \$ = 2 Rs. (ब) 1 \$ = 43 Rs.

(स) 1 \$ = 47 Rs. (द) 1 \$ = 45 Rs.

876. क्रयशक्ति क्षमता सिद्धांत किसके द्वारा प्रतिपादित किया गया था?

(अ) ह्वीटले (ब) हैबरलर

(स) थॉमस (द) स्नाइडर

877. "दो मुद्राओं की विनिमय दर उनकी आंतरिक क्रयशक्ति के भागफल पर निर्भर करती है।" यह कथन किसका है?

उत्तर के लिए कृपया पृष्ठ सं. 180 देखें।

(अ) कोल (ब) प्रो. कीन्स

(स) हैबरलर (द) गुप्ताव कैसल

878. वर्तमान में दो देशों के मध्य विनिमय-दर का निर्धारण कैसे होता है?

(अ) अंतरराष्ट्रीय मुद्रा कोष द्वारा

(ब) विश्व व्यापार संगठन द्वारा

(स) संयुक्त राष्ट्र संघ द्वारा

(द) विदेशी विनिमय कोषों की माँग एवं पूर्ति द्वारा

879. जब विदेशी विनिमय-दर को एक निश्चित सीमा से ऊपर-नीचे होने से सरकार रोकती है, तो ऐसी विनिमय-दर को क्या कहा जाता है?

(अ) सरकारी विनिमय-दर (ब) परिवर्तनशील विनिमय-दर

(स) नियंत्रित विनिमय-दर (द) संतुलन विनिमय-दर

880. यदि सरकारी नियंत्रित विनिमय-दर 1$ = 47 रुपए हो एवं खुले बाजार में यह 1$ = 50 रुपए हो जाए, तो रिजर्व बैंक क्या करेगा?

(अ) बाजार से डॉलर खरीदेगा

(ब) बाजार में डॉलर बेचेगा

(स) खुले बाजार में हस्तक्षेप नहीं करेगा

(द) अमेरिका से डॉलर उधार लेगा

881. यदि विनिमय-दर में वृद्धि होती है तो निम्नलिखित में से कौन सी घटना नहीं घटेगी?

(अ) आयात सस्ते होंगे (ब) निर्यात महँगे होंगे

(स) निर्यात सस्ते होंगे (द) व्यापार संतुलन विपक्ष में होगा

882. यदि सरकार अपने हस्तक्षेप द्वारा विदेशी विनिमय बाजार से आर्थिक शक्तियों को स्वतंत्र रूप से कार्य नहीं करने देती, तो इसे क्या कहा जाता है?

(अ) सरकारी हस्तक्षेप (ब) विनिमय-नियंत्रण

(स) विनिमय-हस्तक्षेप (द) सरकारी विनिमय

883. सामान्यत: विनिमय-नियंत्रण के उद्देश्यों में क्या सम्मिलित नहीं है?

(अ) विनिमय-दर में स्थिरता लाना

(ब) व्यापार-असंतुलन को ठीक करना

(स) नियोजित अर्थव्यवस्था की सफलता

उत्तर के लिए कृपया पृष्ठ सं. 180 देखें।

(द) विदेशी कंपनियों पर प्रभुत्व स्थापित करना

884. विनिमय नियंत्रण की रीतियों में निम्नलिखित में से कौन सी अप्रत्यक्ष रीति है?

(अ) विनिमय समानीकरण कोष (ब) विनिमय समाशोधन समझौते

(स) बहुमुखी विनिमय दर (द) आयात नियंत्रण निर्यात संवर्द्धन

885. जब विनिमय दर को एक निश्चित बिंदु पर निश्चित कर दिया जाता है, तो इसे क्या कहा जाता है?

(अ) विनिमय उद्बंधन (ब) यथास्थिर समझौते

(स) क्षतिपूर्ति समझौते (द) विनिमय समाशोधन समझौते

886. भारत में विनिमय नियंत्रण प्रशासन का कार्य किसके द्वारा किया जाता है?

(अ) भारत सरकार (ब) वित्त मंत्रालय

(स) विदेश मंत्रालय (द) भारतीय रिजर्व बैंक

887. निम्नलिखित में से कौन सा तर्क स्थिर विनिमय-दरों के पक्ष में नहीं है?

(अ) अंतरराष्ट्रीय व्यापार में वृद्धि

(ब) विनिमय दर में अत्यधिक उच्चावचन

(स) भुगतान संतुलन बनाए रखने में सहायक

(द) सट्टे की प्रवृत्ति पर नियंत्रण

888. लोचदार विनिमय-दरों के विपक्ष में निम्नलिखित में से कौन सा तर्क दिया जाता है?

(अ) मौद्रिक नीति के सफल क्रियान्वयन में सहायक

(ब) आरक्षित कोषों की अनिवार्यता में कमी

(स) सट्टेबाजी की प्रवृत्ति पर नियंत्रण

(द) अत्यधिक स्फीतिकारी प्रभावों का पड़ना

व्यापार संतुलन, भुगतान संतुलन, प्रशुल्क व कोटा

889. एक निश्चित अवधि के दौरान एक देश के निर्यातों एवं आयातों के मूल्य में अंतर को क्या कहा जाता है?

(अ) व्यापार संतुलन (ब) भुगतान संतुलन

(स) अनुकूल संतुलन (द) प्रतिकूल संतुलन

उत्तर के लिए कृपया पृष्ठ सं. 181 देखें।

890. यदि किसी देश के निर्यातों की तुलना में आयात अधिक होते हैं, तो उस अवस्था को क्या कहा जाता है?

(अ) अनुकूल व्यापार संतुलन (ब) प्रतिकूल व्यापार संतुलन

(स) अनुकूल भुगतान संतुलन (द) प्रतिकूल भुगतान संतुलन

891. व्यापार संतुलन ज्ञात करने का गणितीय सूत्र क्या है?

(अ) i = Xt – Mt (ब) i = Mt – Xt

(स) i = Mt + Xt (द) i = Xt × Mt

(i = व्यापार संतुलन, Xt = कुल निर्यात, M = कुल आयात, i = वर्ष विशेष)

892. भुगतान संतुलन में शामिल की जानेवाली मदें कौन सी हैं?

(अ) व्यापार संतुलन

(ब) सेवाएँ, ब्याज एवं लाभांश

(स) अल्पकालीन व दीर्घकालीन विनियोग

(द) उपर्युक्त सभी

893. भुगतान संतुलन के लिए अवमूल्यन की नीति तब ही प्रभावी होगी, जब देश के आयात व निर्यात की माँग की लोच हो—

(अ) लोचदार (ब) बेलोचदार

(स) पूर्ण बेलोचदार (द) अलोचदार

894. भुगतान संतुलन की असाम्यता को दूर करने के मौद्रिक उपायों में कौन शामिल नहीं है?

(अ) अवमूल्यन नीति (ब) मुद्रा-संकुचन

(स) संरक्षण (द) ब्याज-दरों में परिवर्तन

895. निम्नलिखित में से कौन सा उपाय भुगतान संतुलन की असाम्यता दूर करने के गैर-मौद्रिक उपायों में सम्मिलित नहीं है?

(अ) आयातों में कमी करना (ब) आय-अवशोषण विधि

(स) निर्यात-प्रोत्साहन (द) विदेशी पूँजी तथा विनियोग

896. जब लोग दूसरे लोगों के उपभोग-स्तर को देखकर अपना उपभोग-स्तर बढ़ा लेते हैं, तो इसे क्या कहा जाता है?

(अ) विज्ञापन प्रभाव (ब) उपभोग प्रभाव

(स) प्रदर्शन प्रभाव (द) जानकारी प्रभाव

उत्तर के लिए कृपया पृष्ठ सं. 181 देखें।

897. अंतरराष्ट्रीय व्यापार को पिछड़ा बनाए रखने का सिद्धांत किसने प्रतिपादित किया है?

(अ) गुन्नार मिर्डल (ब) रेगनर नर्क्स

(स) प्रो. मीड (द) प्रो. मार्शल

898. यदि विभिन्न देशों के द्वारा अपनी मुद्रा को एक निश्चित स्वर्ण की मात्रा में परिवर्तित कर दिया जाता है, तो इसे क्या कहा जाता है?

(अ) परिवर्तनमान (ब) स्वर्णमान

(स) मुद्रामान (द) रजतमान

899. यदि स्वर्णमान को एक साथ कई देशों के द्वारा अपनाया जाता है तो इससे निम्नलिखित में से कौन सा लाभ प्राप्त नहीं होगा?

(अ) अंतरराष्ट्रीय मूल्यों में स्थिरता आएगी

(ब) विदेशी विनिमय-दरों में स्थायित्व आएगा

(स) अंतरराष्ट्रीय विनिमय के माध्यम एवं विनिमय-शक्ति का माप होगा

(द) आर्थिक संकटों की व्यापकता पर प्रभावी नियंत्रण

900. किसी देश की अंतरराष्ट्रीय आर्थिक क्रियाओं से संबंधित नीति को क्या कहा जाता है?

(अ) आर्थिक नीति (ब) व्यापारिक नीति

(स) अंतरराष्ट्रीय नीति (द) क्रिया नीति

901. जब कोई देश अपने अतिरिक्त उत्पादन से छुटकारा पाने हेतु उस वस्तु को विदेश में लागत से भी कम मूल्य पर बेचता है, तो इसे क्या कहा जाता है?

(अ) अवमूल्यन (ब) राशिपातन

(स) स्टॉक क्लियरेंस (द) गलाकाट प्रतिस्पर्द्धा

902. किसी देश के आयात की मात्रा पर लगाए गए करों को क्या कहा जाता है?

(अ) आयात कर (ब) सीमा कर

(स) प्रशुल्क (द) विदेशी वस्तु कर

903. यदि प्रशुल्क का उद्देश्य लघु उद्योगों की विदेशी प्रतियोगिता से रक्षा करना हो, तो ऐसे प्रशुल्क को क्या कहा जाता है?

(अ) राजस्व प्रशुल्क (ब) संरक्षणात्मक प्रशुल्क

उत्तर के लिए कृपया पृष्ठ सं. 181 देखें।

(स) परिमाण प्रशुल्क (द) परंपरागत प्रशुल्क

904. प्रशुल्क आरोपित करने का उपभोग पर क्या प्रभाव पड़ता है?

(अ) उपभोग की मात्रा कम हो जाती है

(ब) उपभोग की मात्रा में वृद्धि हो जाती है

(स) उपभोग की मात्रा अप्रभावित रहती है

(द) उपभोग की मात्रा शून्य हो जाती है

905. अनुकूलतम प्रशुल्क के संदर्भ में निम्नलिखित में से क्या असत्य है?

(अ) जहाँ लाभ की मात्रा अधिकतम हो

(ब) जहाँ व्यापार की शर्तों में अधिकतम सुधार हो

(स) जिस देश के उद्योगों को संरक्षण प्राप्त हो

(द) जहाँ आयात की मात्रा शून्य हो

906. सरकारी आदेश, जिसके तहत एक निश्चित मात्रा का ही आयात किया जा सकता है—

(अ) प्रशुल्क (ब) कोटा या आयात अभ्यंश

(स) आयात कर (द) सीमा शुल्क

907. कोटा या आयात अभ्यंश के उद्देश्यों में क्या शामिल नहीं है?

(अ) भुगतान-असंतुलन को ठीक करना

(ब) घरेलू उद्योगों की विदेशी प्रतिस्पर्द्धा से सुरक्षा

(स) आंतरिक मूल्य-स्तर में स्थायित्व लाना

(द) आयातों की मात्रा पर पूर्ण रोक लगाना

908. प्रशुल्क की तुलना में कोटा को अधिक प्रभावशाली माना जाता है, क्योंकि इससे—

(अ) प्रभाव तत्काल पड़ता है

(ब) अर्द्धविकसित राष्ट्रों के लिए अधिक उपयुक्त है

(स) सफलता के लिए अधिक अवसर मिलते हैं

(द) उपर्युक्त सभी

909. जब वस्तुओं के आयात-निर्यात के समस्त दायित्व सरकार के द्वारा पूरे किए जाते हैं तो इसे क्या कहा जाता है?

(अ) प्रशुल्क (ब) अभ्यंश

उत्तर के लिए कृपया पृष्ठ सं. 181 देखें।

(स) राजकीय व्यापार (द) सीमा संघ

910. राजकीय व्यापार का उद्देश्य नहीं है—

(अ) दुर्लभ विदेशी मुद्रा को आवश्यक कार्यों में प्रयुक्त करना

(ब) आर्थिक नियंत्रण स्थापित करना

(स) घरेलू उद्योगों को विदेशी प्रतिस्पर्धा से बचाना

(द) आयतित वस्तुओं की कालाबाजारी पर नियंत्रण करना

911. वह समझौता, जो एक ही व्यापार-क्षेत्र की दो या अधिक व्यापारिक इकाइयों के मध्य होता है, क्या कहलाता है?

(अ) कपट संधि (ब) कार्टेल या संघ

(स) प्रशुल्क संधि (द) आयात समझौता

विभिन्न अंतरराष्ट्रीय आर्थिक संगठन व समझौते

912. जब किसी अंतरराष्ट्रीय समझौते में शामिल राष्ट्र को विशेष सुविधाएँ देने पर वे सुविधाएँ समझौते के सभी सदस्यों को स्वत: ही प्राप्त हो जाएँ, तो इस व्यवस्था को क्या कहा जाता है?

(अ) परमानुग्रहित राष्ट्र संधि (ब) अंतरराष्ट्रीय संधि

(स) समान सुविधा संधि (द) विशिष्ट सुविधा संधि

913. सीमा संघ सिद्धांत को अन्य किस नाम से जाना जाता है?

(अ) द्वितीय श्रेष्ठ सिद्धांत

(ब) क्रयशक्ति समता सिद्धांत

(स) साधन मूल्य समानीकरण सिद्धांत

(द) तुलनात्मक लागत सिद्धांत

914. प्रशुल्क दरों एवं व्यापार पर सामान्य समझौता (गेट) की स्थापना कब हुई थी?

(अ) सन् 1950 (ब) सन् 1947

(स) सन् 1991 (द) सन् 1995

915. विश्व व्यापार संगठन की स्थापना कब हुई?

(अ) 1 जनवरी, 1995 (ब) 2 अक्तूबर, 2001

(स) 11 सितंबर, 1995 (द) 6 अगस्त, 1998

उत्तर के लिए कृपया पृष्ठ सं. 181 देखें।

916. विश्व व्यापार संगठन के उद्देश्यों में निम्नलिखित में से क्या सम्मिलित नहीं है?

(अ) नई विश्व व्यापार प्रणाली लागू करना

(ब) पूरे विश्व में एक मुद्रा से व्यापार प्रारंभ करना

(स) प्रशुल्क व व्यापार बाधाओं को हटाना

(द) बहुपक्षीय संगठित व्यापार प्रणाली को विकसित करना

917. विश्व व्यापार संगठन के बारे में निम्नलिखित में से क्या असत्य है?

(अ) इसकी स्थापना गेट समझौते के परिणामस्वरूप हुई

(ब) इसका मुख्यालय वाशिंगटन डी.सी. में है

(स) यह सदस्य राष्ट्रों में जीवन स्तर की उन्नति हेतु प्रयास करता है

(द) विश्व के विभिन्न राष्ट्रों के मध्य विवादों का निपटारा करने में सहयोग करता है

918. विश्व व्यापार संगठन के अंतर्गत वर्णित स्वजेनेरिस व्यवस्था किससे संबंधित है?

(अ) बौद्धिक संपदा के अधिकार से

(ब) व्यापार-संबंधी विनियोग मापदंड से

(स) कृषि-अनुसंधान से

(द) पेटेंट अधिनियमों से

919. विश्व व्यापार संगठन के मंत्री स्तरीय सम्मेलनों में से अनमेल को छाँटिए—

(अ) प्रथम—सिंगापुर (ब) द्वितीय—जेनेवा

(स) तृतीय—मेक्सिको (द) चतुर्थ—दोहा (कतर)

920. दक्षिण-पूर्वी एशियाई राष्ट्र संघ (आसियान) की स्थापना कब हुई थी?

(अ) सन् 1967 (ब) सन् 1964

(स) सन् 1995 (द) सन् 1947

921. दक्षिण एशियाई क्षेत्रीय सहयोग संगठन (सार्क) की स्थापना कब हुई थी?

(अ) सन् 1967 (ब) सन् 1985

(स) सन् 1995 (द) सन् 1947

922. सार्क का मुख्यालय कहाँ पर है?

(अ) नई दिल्ली (ब) इसलामाबाद

उत्तर के लिए कृपया पृष्ठ सं. 181 देखें।

(स) भूटान (द) काठमांडू

923. अंतरराष्ट्रीय मुद्रा कोष की स्थापना कब की गई थी?

(अ) सन् 1945 (ब) सन् 1947

(स) सन् 1944 (द) सन् 1950

924. अंतरराष्ट्रीय मुद्रा कोष की स्थापना का मुख्य उद्देश्य क्या था?

(अ) अंतरराष्ट्रीय मौद्रिक सहयोग की उन्नति करना

(ब) विनिमय-दरों में स्थायित्व लाना

(स) अंतरराष्ट्रीय भुगतान-असंतुलनों को कम करना

(द) उपर्युक्त सभी

925. ब्रेटनवुड सम्मेलन के परिणामस्वरूप सन् 1944 में अंतरराष्ट्रीय मुद्रा कोष (IMF) के साथ किसकी स्थापना की गई?

(अ) IBRD (ब) IFC

(स) World Bank (द) IDA

926. पेट्रोलियम निर्यातक देशों के संगठन (ओपेक) की स्थापना कब हुई थी?

(अ) सन् 1950 (ब) सन् 1960

(स) सन् 1970 (द) सन् 1980

927. एशियाई विकास बैंक की स्थापना कब हुई थी?

(अ) सन् 1960 (ब) सन् 1967

(स) सन् 1970 (द) सन् 1972

928. एशियाई विकास बैंक का मुख्यालय है—

(अ) दिल्ली (ब) मनीला

(स) काठमांडू (द) भूटान

929. भारत आयात-निर्यात बैंक तथा कृषि व ग्रामीण विकास बैंक (नाबार्ड) की स्थापना कब की गई थी?

(अ) सन् 1980 (ब) सन् 1981

(स) सन् 1982 (द) सन् 1983

930. भारत सहायता क्लब की स्थापना किस पंचवर्षीय योजना में की गई थी?

(अ) प्रथम पंचवर्षीय योजना (ब) द्वितीय पंचवर्षीय योजना

(स) पाँचवीं पंचवर्षीय योजना (द) आठवीं पंचवर्षीय योजना

उत्तर के लिए कृपया पृष्ठ सं. 181 देखें।

हमारे देश का विदेशी व्यापार

931. हमारे देश का विदेशी व्यापार सबसे अधिक किस देश के साथ होता है?
(अ) संयुक्त राज्य अमेरिका (ब) जापान
(स) जर्मनी (द) पाकिस्तान

932. निम्नलिखित में से किसका निर्यात हमारे देश के द्वारा नहीं किया जाता है?
(अ) रत्न व आभूषण
(ब) चमड़े व हस्तशिल्प की वस्तुएँ
(स) खाद्य तेल व पेट्रोलियम पदार्थ
(द) चाय व दवाइयाँ

933. मूल्यों के आधार पर हमारे देश का निर्यात विश्व के कुल निर्यात व्यापार का कितना है?
(अ) 1 प्रतिशत (ब) 1 प्रतिशत से कम
(स) 3 प्रतिशत (द) 5 प्रतिशत

934. विगत कुछ वर्षों से हमारे देश के निर्यात व्यापार में सबसे अधिक योगदान किसका रहा है?
(अ) पूँजीगत वस्तुओं का (ब) चाय का
(स) आभूषणों का (द) टेक्सटाइल का

935. देश के आयातों में सबसे अधिक राशि किस मद पर खर्च की जा रही है?
(अ) दवाइयाँ (ब) खाद्य तेल
(स) पेट्रोलियम पदार्थ (द) सैनिक साज-सामान

936. देश के विदेशी व्यापार के संबंध में कौन सा कथन सत्य है?
(अ) यह मात्रा में बढ़ा है
(ब) यह मूल्य में बढ़ा है
(स) यह मात्रा व मूल्य—दोनों में बढ़ा है
(द) यह छोटा है

937. देश में निजी क्षेत्र में पहला निर्यात प्रोसेसिंग क्षेत्र कहाँ स्थापित किया गया?
(अ) गुड़गाँव (ब) सूरत
(स) मुंबई (द) दिल्ली

उत्तर के लिए कृपया पृष्ठ सं. 181-182 देखें।

938. विदेशी व्यापार बाजार से संबंधित क्या है ?

(अ) डॉलर (ब) एस.डी.आर.

(स) यूरो मुद्रा (द) उपर्युक्त सभी

939. स्पेशल 301 तथा सुपर 301 क्या हैं ?

(अ) भारत की व्यापार नीतियाँ (ब) अमेरिका की व्यापार नीतियाँ

(स) शेयर सूचकांक (द) सहारा एयरवेज के विमान

□

उत्तर के लिए कृपया पृष्ठ सं. 182 देखें।

5

विकास एवं नियोजन का अर्थशास्त्र

आर्थिक विकास का अर्थ, माप एवं आर्थिक मॉडल

940. ''आर्थिक विकास एक प्रक्रिया है, जिसके द्वारा दीर्घकाल में एक अर्थव्यवस्था की वास्तविक आय में वृद्धि होती है।'' यह कथन किसका है?

(अ) पॉल अलबर्ट (ब) मेयर व बाल्डविन

(स) विलियमसन एंड बट्रिक (द) कैन तथा ऐलिस

941. ''एक देश इसलिए दरिद्र है, क्योंकि वह दरिद्र है।'' दरिद्रता के इस चक्र की व्याख्या किसने की थी?

(अ) मैडिसन (ब) नर्क्से

(स) शुंपीटर (द) किडलबर्गर

942. विभिन्न अर्थशास्त्रियों द्वारा आर्थिक विकास के बतलाए गए मापों में क्या सम्मिलित नहीं है?

(अ) वास्तविक राष्ट्रीय आय में वृद्धि

(ब) वास्तविक प्रति व्यक्ति आय में वृद्धि

(स) सर्वांगीण विकास में वृद्धि

(द) राजनीतिक इच्छाशक्ति में वृद्धि

943. आर्थिक विकास के निर्धारक आर्थिक तत्त्वों में इनमें से कौन सा सम्मिलित नहीं है?

(अ) राजनीतिक इच्छाशक्ति (ब) पूँजी उत्पादन-अनुपात

(स) मानवीय संसाधन (द) तकनीकी ज्ञान व नवप्रवर्तन

उत्तर के लिए कृपया पृष्ठ सं. 182 देखें।

944. निम्नलिखित में से कौन सा कथन असत्य है?
(अ) प्रति व्यक्ति वास्तविक आय में लंबी वृद्धि ही आर्थिक विकास है
(ब) आर्थिक संवृद्धि विकास की तुलना में संकुचित धारणा है
(स) विनियोग से पूँजीगत पदार्थों का निर्माण होता है
(द) मौद्रिक आय का वर्तमान कीमतों पर लगाया जानेवाला अनुमान ही वास्तविक आय है

945. वर्तमान में कौन सी बढ़ती पूँजी हमारे देश के लिए समस्या का कारण बन रही है?
(अ) प्राकृतिक पूँजी
(ब) मानवीय पूँजी
(स) आर्थिक पूँजी
(द) विदेशी पूँजी

946. परंपरागत समाज से आधुनिक औद्योगिक अर्थव्यवस्था में बदलाव को कुजनेट्स द्वारा क्या कहा गया है?
(अ) सामाजिक परिवर्तन
(ब) आर्थिक परिवर्तन
(स) संरचनात्मक परिवर्तन
(द) भौगोलिक परिवर्तन

947. कुजनेट्स के अनुसार वर्तमान में परिवर्तन की दिशा क्या है?
(अ) द्वितीयक क्षेत्र से प्राथमिक क्षेत्र की ओर
(ब) प्राथमिक क्षेत्र से तृतीयक क्षेत्र की ओर
(स) आधुनिक तकनीक से परंपरागत तकनीक की ओर
(द) तृतीयक क्षेत्र से द्वितीयक क्षेत्र की ओर

948. विश्व का पहला राष्ट्र, जिसमें परिवार नियोजन कार्यक्रम सरकारी स्तर पर चलाया गया है, कौन सा है?
(अ) भारत
(ब) चीन
(स) पाकिस्तान
(द) ऑस्ट्रेलिया

949. आर्थिक विकास हेतु प्रयुक्त तकनीकों को मुख्य रूप से कितने भागों में बाँटा जा सकता है?
(अ) पाँच
(ब) दो
(स) तीन
(द) चार

950. वह तकनीक, जिसमें मशीनों का काम कम और श्रमिकों का काम अधिक होता है, क्या कहलाती है?

उत्तर के लिए कृपया पृष्ठ सं. 182 देखें।

(अ) पूँजी गहन तकनीक (ब) आधुनिक तकनीक
(स) श्रम गहन तकनीक (द) परंपरागत तकनीक

951. किस अर्थशास्त्री का यह मानना था कि व्यक्ति अपने हित का सर्वश्रेष्ठ निर्णायक होता है, इस कारण उसे स्वतंत्र छोड़ देना चाहिए?
(अ) जे.एस. मिल (ब) डेविड रिकॉर्डो
(स) प्रो. शुंपीटर (द) एडम स्मिथ

952. रिकॉर्डो ने अपने आर्थिक विकास के सिद्धांत में पूँजी-संचय के साधनों में किसे शामिल नहीं किया था?
(अ) कर (ब) बचत
(स) मुक्त व्यापार (द) ऋण

953. रिकॉर्डो ने अनाज के उत्पादन के वितरण में किस वर्ग को शामिल नहीं किया है?
(अ) भूमिपति (ब) भवनपति
(स) पूँजीपति (द) श्रमिक वर्ग

954. रिकॉर्डो के अनुसार श्रम का प्रति इकाई लगान कैसे निर्धारित होता है?
(अ) भूमिपति व कृषक के मध्य हुए सौदे के आधार पर
(ब) श्रम के औसत व सीमांत उत्पादन का अंतर
(स) श्रम की कुल लागत व सीमांत लागत का अंतर
(द) श्रम की सीमांत उत्पादकता के आधार पर

955. रिकॉर्डो ने लाभ की गणना करने का आधार क्या बताया था?
(अ) श्रम के सीमांत उत्पादन व मजदूरी-दर का अंतर
(ब) श्रम के औसत व सीमांत उत्पादन का अंतर
(स) श्रम की कुल लागत व कुल आगम का अंतर
(द) कुल उत्पादन-मूल्य से मजदूरी घटाने पर प्राप्ति

956. रिकॉर्डो के अनुसार, श्रमिकों को जो मजदूरी दी जाती है, वह किस पर आधारित होती है?
(अ) श्रमिकों की सीमांत उत्पादकता पर
(ब) श्रमिकों की औसत उत्पादकता पर
(स) निर्वाह-स्तर पर लगाए गए मजदूरों की संख्या पर

उत्तर के लिए कृपया पृष्ठ सं. 182 देखें।

(द) सरकार के द्वारा निर्धारित दर पर

957. रिकॉर्डो ने अंतिम विश्लेषण में लाभ की दर को बनाया था—

(अ) अधिकतम (ब) न्यूनतम

(स) स्थिर (द) शून्य

958. 'साम्यवाद के जनक' की संज्ञा किसे दी जाती है?

(अ) एडम स्मिथ (ब) कार्ल मार्क्स

(स) लेनिन (द) स्टालिन

959. मार्क्स ने आर्थिक संघर्ष का प्रमुख कारण किसे बतलाया है?

(अ) श्रम संघों का निर्माण (ब) उत्पादन की विधि

(स) पूँजीपतियों की नीति (द) श्रमिकों की बेरोजगारी

960. मार्क्स ने श्रम की सीमांत उत्पादकता एवं मजदूरी-दर में क्या अंतर बतलाया था?

(अ) अतिरिक्त मूल्य (ब) लाभ

(स) ब्याज (द) लगान

961. मार्क्स के अनुसार पूँजीपति अपने अतिरिक्त मूल्य को बढ़ाने के लिए क्या नहीं करता है?

(अ) महिलाओं व बच्चों को कार्य पर लगाना

(ब) श्रम के कार्य के घंटों में वृद्धि करना

(स) नई तकनीकों का प्रयोग करना

(द) अधिक श्रमिकों को रोजगार देना

962. विकास का नव-प्रवर्तन का सिद्धांत किसने प्रतिपादित किया था?

(अ) नर्क्स (ब) रिकॉर्डो

(स) शुंपीटर (द) माल्थस

963. जनसंख्या का सिद्धांत किसने प्रतिपादित किया था?

(अ) एडम स्मिथ (ब) रिकॉर्डो

(स) शुंपीटर (द) माल्थस

964. माल्थस ने आर्थिक विकास को उन्नत करने के लिए क्या उपाय बतलाए थे?

(अ) संतुलित विकास (ब) प्रभावी माँग में वृद्धि करना

उत्तर के लिए कृपया पृष्ठ सं. 182 देखें।

(स) पूँजी-संचयन को बढ़ाना (द) उपर्युक्त सभी

965. श्रम की असीमित पूर्ति का सिद्धांत किसने प्रतिपादित किया था?
(अ) लुईस (ब) डेनिसन
(स) कार्ल मार्क्स (द) शुंपीटर

966. दोहरी अर्थव्यवस्था का सिद्धांत किसने प्रतिपादित किया था?
(अ) लुईस (ब) ऐनर नर्क्स
(स) शुंपीटर (द) फाई-रेनिस

967. स्थानांतरण और बेरोजगारी का मॉडल किसने दिया था?
(अ) शुंपीटर (ब) नेल्सन
(स) हैरिस-टोडैरो (द) लिबंस्टीन

968. क्रांतिक न्यूनतम प्रयत्न का सिद्धांत किसने प्रतिपादित किया था?
(अ) शुंपीटर (ब) लिबंस्टीन
(स) हैरिस-टोडेरो (द) नेल्सन

969. संतुलन-पाश का सिद्धांत किसने प्रतिपादित किया था?
(अ) नेल्सन (ब) रोजेस्टीन-रोदान
(स) लिबंस्टीन (द) शुंपीटर

970. 'विकास का बड़ा धक्का' सिद्धांत का प्रतिपादक कौन है?
(अ) नेल्सन (ब) रोजेस्टीन-रोदान
(स) लिबंस्टीन (द) हेरड-डोमर

971. रोजेस्टीन-रोदान के बड़े धक्के सिद्धांत में प्रतिपादित अविभाज्यताओं में निम्नलिखित में से कौन सी सम्मिलित नहीं है?
(अ) माँग-फलन की अविभाज्यताएँ
(ब) उत्पादन-फलन की अविभाज्यताएँ
(स) बचतों की पूर्ति की अविभाज्यताएँ
(द) आय की अविभाज्यताएँ

972. संतुलित वृद्धि का सिद्धांत किसने प्रतिपादित किया था?
(अ) रोजेस्टीन-रोदान (ब) महलानोबिस
(स) लिबंस्टीन (द) नेल्सन

973. असंतुलित वृद्धि का सिद्धांत किसने प्रतिपादित किया था?

उत्तर के लिए कृपया पृष्ठ सं. 182 देखें।

(अ) रोजेस्टीन-रोदान (ब) हर्षमेन
(स) डेनिसन (द) नर्क्स

974. "यदि विकास की प्रक्रिया को गति प्रदान करनी है तो सभी क्षेत्रों का समान विकास आवश्यक है।"—यह किसका सिद्धांत है?
(अ) असंतुलित वृद्धि का सिद्धांत (ब) न्यूनतम प्रयास का सिद्धांत
(स) संतुलित वृद्धि का सिद्धांत (द) बड़े धक्के का सिद्धांत

975. 'विकास के चक्रीय कार्यकरण का सिद्धांत' किसने दिया था?
(अ) रोस्टोव (ब) रोजेस्टीन-रोदान
(स) मिर्डल (द) जे.एच. बुके

976. हमारे देश की प्रथम पंचवर्षीय योजना इनमें से किस पर आधारित थी?
(अ) हेरड डोमर के मॉडल पर (ब) महालनोबिस मॉडल पर
(स) सतत वृद्धि मॉडल पर (द) पूँजी-संचय सिद्धांत पर

977. "निवेश से उत्पादन में कितनी वृद्धि हो कि पूर्ण रोजगार बना रहे।"—यह किस मॉडल की विषय-वस्तु है?
(अ) हेरड के मॉडल की (ब) डोमर के मॉडल की
(स) महालनोबिस मॉडल की (द) सतत वृद्धि मॉडल की

978. हेरड ने अपने मॉडल में किन-किन वृद्धि-दरों के मध्य चाकुधार साम्यावस्था बतलाई थी?
(अ) प्राकृतिक वृद्धि-दर (Gn) (ब) अभीष्ट वृद्धि-दर (Gw)
(स) वास्तविक वृद्धि-दर (G) (द) उपर्युक्त सभी दरों में

979. निम्नलिखित में से कौन सा संतुलन हेरड की चाकुधार साम्यावस्था को बतलाता है?
(अ) $G = GN = Gw$ (ब) $G > Gn = Gw$
(स) $G > Gw > Gn$ (द) $G < Gw < Gn$

980. वह वृद्धि-दर, जिसपर उत्पादक जो कुछ भी उत्पादन कर रहे हैं, उससे वे संतुष्ट होते हैं, क्या कहलाती है?
(अ) प्राकृतिक वृद्धि दर (ब) अभीष्ट वृद्धि दर
(स) वास्तविक वृद्धि दर (द) सतत वृद्धि दर

981. वितरण का महत्त्वपूर्ण मॉडल किसने प्रतिपादित किया था?

उत्तर के लिए कृपया पृष्ठ सं. 182 देखें।

(अ) हेरड (ब) डोमर

(स) काल्डर (द) जॉन रॉबिंसन

982. पूँजी-संचय के सिद्धांत का प्रतिपादक कौन है?

(अ) हेरड-डोमर (ब) महालनोबिस

(स) काल्डर हिक्स (द) जॉन रॉबिंसन

983. आर्थिक वृद्धि का नव-क्लासिकी सिद्धांत के प्रतिपादक कौन थे?

(अ) जॉन-रॉबिंसन (ब) जे.ई. मीड

(स) काल्डर (द) महालनोबिस

984. दीर्घकालीन वृद्धि मॉडल का प्रतिपादक कौन है?

(अ) महालनोबिस (ब) सोलो

(स) काल्डर (द) जे.ई. मीड

985. भारत की द्वितीय पंचवर्षीय योजना का आधार मॉडल था—

(अ) महालनोबिस मॉडल (ब) हेरड-डोमर मॉडल

(स) इनपुट-आउटपुट मॉडल (द) सोलो का मॉडल

986. जिस कंपनी का व्यापार एक से अधिक राष्ट्रों में होता है, वह क्या कहलाती है?

(अ) विदेशी निगम (ब) बहुराष्ट्रीय निगम

(स) देशी निर्यातक निगम (द) अल्पराष्ट्रीय निगम

987. लाभ तथा विकास का मॉडल किसके द्वारा प्रतिपादित किया गया था?

(अ) पेसिनेटी (ब) महालनोबिस

(स) ऑर्थर लुईस (द) मिर्डल

988. दोहरा अंतराल मॉडल के प्रतिपादक अर्थशास्त्री कौन हैं?

(अ) रौदान-रोजेस्टीन (ब) मिल

(स) चेनरी (द) महालनोबिस

989. वे कीमतें, जो किसी साधन या वस्तुओं के यथार्थ मूल्यों को प्रकट करती हैं, क्या कहलाती हैं?

(अ) वस्तु कीमत (ब) छाया कीमत

(स) साधन कीमत (द) भौतिक कीमत

990. किसी परियोजना से मिलनेवाले सामाजिक लाभ की गणना के लिए क्या

उत्तर के लिए कृपया पृष्ठ सं. 182-183 देखें।

किया जाता है ?

(अ) परियोजना के महत्त्व का अध्ययन

(ब) परियोजना के लाभ का अध्ययन

(स) परियोजना के लागत–लाभ का अध्ययन

(द) परियोजना की सामाजिक लागत का अध्ययन

991. किसी बड़ी परियोजना के चयन के लिए अपनाई जानेवाली कसौटी क्या है ?

(अ) B–C (ब) $\frac{B-C}{I}$

(स) $\frac{\Delta B}{\Delta C}$ (द) $\frac{B}{C}$

(B = लाभ, C = लागत, I = निवेश)

992. परियोजना–मूल्यांकन की सबसे बढ़िया व विश्वसनीय कसौटी क्या मानी जाती है ?

(अ) B–C (ब) $\frac{B-C}{I}$

(स) $\frac{\Delta B}{\Delta C}$ (द) $\frac{B}{C}$

993. हमारे देश में लागत–लाभ विश्लेषण का प्रयोग सर्वप्रथम किसके द्वारा किया गया ?

(अ) दादा भाई नौरोजी (ब) वी.के.आर.वी. राव

(स) डी.आर. गाडगिल (द) नीलकंठ राय

994. आगत–निर्गत तकनीक के आविष्कारक कौन थे ?

(अ) लियोनटिफ (ब) जे.आर. हिक्स

(स) फैल्डस्टीन (द) मार्गलिन

995. उत्पादन की एक इकाई के लिए आवश्यक पूँजी की मात्रा को क्या कहा जाता है ?

(अ) पूँजी–आवश्यकता (ब) पूँजी उत्पादन अनुपात

(स) उत्पादन–आवश्यकता (द) इकाई पूँजी अनुपात

उत्तर के लिए कृपया पृष्ठ सं. 183 देखें।

996. सीमांत पूँजी उत्पादन अनुपात ज्ञात करने का सूत्र निम्नलिखित में से कौन सा है?

(अ) $\frac{C}{y}$ (ब) $\frac{y}{C}$

(स) $\frac{\Delta y}{\Delta C}$ (द) $\frac{\Delta C}{\Delta y}$

997. अनुकूलतम जनसंख्या के सिद्धांत के प्रतिपादक अर्थशास्त्री कौन हैं?

(अ) माल्थस (ब) मार्शल

(स) डाल्टन (द) कीन्स

998. डाल्टन के अनुसार, जनसंख्या अनुकूलतम उस स्थान पर होती है, जहाँ—

(अ) राष्ट्रीय आय अधिकतम हो (ब) उपयोग अधिकतम हो

(स) उत्पादन अधिकतम हो (द) प्रति व्यक्ति आय अधिकतम हो

999. निवेश-मानदंड का 'सामाजिक सीमांत उत्पादकता का सिद्धांत' किसने प्रतिपादित किया था?

(अ) प्रो. के.ई. काहन (ब) प्रो. गालेन सन

(स) प्रो. जे.जे. पोलक (द) प्रो. लिबंस्टीन

1000. "निवेश की नीति ऐसी होनी चाहिए कि अधिक-से-अधिक लोगों को रोजगार उपलब्ध कराया जा सके।"—यह विचार किसने दिया था?

(अ) प्रो. के.ई. काहन (ब) प्रो. वाग्ले

(स) प्रो. नर्कसे (द) प्रो. गालेंसन

□

उत्तर के लिए कृपया पृष्ठ सं. 183 देखें।

व्याख्यात्मक टिप्पणियाँ

2. हालाँकि 'अर्थशास्त्र' नाम से प्रथम पुस्तक कौटिल्य ने लिखी है, परंतु वह राजनीति पर आधारित थी, इस कारण एडम स्मिथ के समय से ही अर्थशास्त्र का स्वतंत्र अस्तित्व प्रकाश में आया।

26. पूँजीवाद में वस्तु कम होने पर मूल्य बढ़ जाता है और स्वत: ही माँग घटकर पूर्ति के अनुरूप हो जाती है।

100. सामान्य वस्तु कीमत बढ़ने पर कम व घटने पर अधिक खरीदी जाती है। इस कारण कीमत-प्रभाव ऋणात्मक होता है।

103. बाजरा, डालडा घी जैसी वस्तुओं को उपभोक्ता आय बढ़ने पर कम खरीदता है। इस कारण इनका आय-प्रभाव ऋणात्मक होता है।

108. माँग के लिए इच्छा, साधन, व्यय करने का साहस, निश्चित कीमत व निश्चित समय होना आवश्यक है।

113. जब तक वस्तु की कीमत में परिवर्तन के फलस्वरूप दूसरी वस्तु की माँग पर पड़नेवाले प्रभावों का अध्ययन किया जाए, तो इसे आड़ी या तिरछी माँग कहा जाता है।

132. वस्तु की कीमत में कमी होने से माँग में वृद्धि होने का कारण एक तो कीमत कम होने से वास्तविक आय का बढ़ जाना है एवं दूसरा, उपभोक्ता अन्य महँगी वस्तु कम खरीदकर उस पैसे को सस्ती वस्तु से प्रतिस्थापन करता है। इस प्रकार कीमत-प्रभाव आय-प्रभाव व प्रतिस्थापन-प्रभाव का योग होता है।

138. साधारणतया नमक की माँग कीमत से कम प्रभावित होती है, क्योंकि नमक बहुत सस्ता हो जाने पर भी अधिक नहीं खाया जाता है।

142. एक अनपढ़ व्यक्ति समाचार-पत्र की कीमत से प्रभावित नहीं होगा।

148. जब वस्तु की माँग कीमत से प्रभावित नहीं होती है तो वह x-अक्ष के लंबवत् सीधी खड़ी रेखा होती है।

156. कीमत बढ़ने के साथ पूर्ति बढ़ती है व घटने के साथ घटती है। इस कारण पूर्ति–चक्र धनात्मक होता है।

158. शीघ्र नाशवान वस्तुओं की पूर्ति कीमत से प्रभावित नहीं होगी।

207. बुद्धिमान प्रतिफली की दशा में समान अतिरिक्त उत्पादन के लिए पहले से कम साधनों की आवश्यकता होने के कारण दूरियाँ घटती हुई होती हैं।

249. पूर्ण प्रतियोगिता की स्थिति में कीमत समान होने के कारण औसत आय व सीमांत आगम उत्पादन की प्रत्येक इकाई के लिए बराबर होते हैं। इस कारण यह सीधी पड़ी रेखा होती है।

250. एकाधिकारी प्रतियोगिता में विक्रय में वृद्धि से कीमत कम होने से औसत व सीमांत आगम गिरता हुआ होता है।

295. दीर्घकाल में एक एकाधिकारी असामान्य लाभ ही कमाता है, क्योंकि उसका कोई प्रतियोगी नहीं होता है।

332. अल्पाधिकारी फर्म कीमत कटौती का सहारा नहीं लेती हैं; क्योंकि इससे दूसरे फर्म भी कीमत कम कर देंगे एवं कीमत कम करनेवाले का उद्देश्य समाप्त हो जाएगा।

386. समान उपजाऊ टुकड़े होने पर भी लगान भूमि का प्रयोग किस कार्य में होता है—इस आधार पर निर्धारित होगा।

403. मजदूरी–दर अधिक होने पर श्रम की माँग कम होगी।

468. वह मूल्य, जो मॉडल से निर्धारित न होकर बाहरी शक्तियों द्वारा निर्धारित होता है, बहिर्जात चर कहलाता है।

604. 100 वस्तुओं के लिए मूल्य $\frac{100 \times 99}{2} = 4950$ याद रखने होते हैं।

628. प्रतिष्ठित अर्थशास्त्रियों के अनुसार किसी वस्तु या सेवा की आवश्यकता होने पर मुद्रा की माँग की जाती है। इस कारण यह व्युत्पन्न माँग है।

654. मुद्रास्फीति से ऋण देनेवाले को हानि होती है, क्योंकि कीमतें बढ़ने से यदि उसे ब्याज सहित मुद्रा वापस भी प्राप्त हो जाती है, तो उनसे वह उतनी वस्तुएँ व सेवाएँ नहीं खरीद पाता है, जितनी पहले खरीद पाता था।

656. यह राजकोषीय उपायों में शामिल होता है।

679. अल्पकालीन, मध्यकालीन एवं दीर्घकालीन।

700. इससे गरीबों पर अधिक खर्च व अमीरों पर कम खर्च किया जाता है।

702. घटेगी, क्योंकि वे भविष्य के लिए नहीं बचाना चाहेंगे।

749. सर्वप्रथम अर्थशास्त्री टोबीन ने इसे सुझाया था। इस कारण इसे 'टोबीन कर' कहा जाता है।

850. मजदूरी-दर घटेगी, क्योंकि श्रमिकों को जीवन-निर्वाह के बराबर मजदूरी दी जाती है। वह अनाज की कीमत कम होने के फलस्वरूप घटेगी।

945. 'मानवीय पूँजी' से तात्पर्य जनसंख्या से है।

949. श्रम-प्रधान एवं पूँजी-प्रधान।

□

उत्तर

1. (स) कौटिल्य (चाणक्य)
2. (अ) एडम स्मिथ
3. (ब) वेल्थ ऑफ नेशंस
4. (द) धन का विज्ञान
5. (अ) प्रतिष्ठित अर्थशास्त्री
6. (ब) अर्थशास्त्र का विस्तृत क्षेत्र *(इसमें केवल मानव के धन कमाने व उनका उपयोग करने की क्रियाओं को ही सम्मलित करने से अर्थशास्त्र का क्षेत्र संकुचित हो जाता है।)*
7. (ब) कल्याण-प्रधान
8. (स) प्रो. मार्शल
9. (अ) लॉर्ड रॉबिंसन
10. (स) दुर्लभता
11. (ब) लॉर्ड रॉबिंसन
12. (अ) असीमित
13. (स) सीमितता
14. (अ) प्रो. जे.के. मेहता
15. (स) श्रीमती बारबारा बूटन
16. (द) प्रो. सेम्यूलसन
17. (स) आर्थिक
18. (द) धनार्जन की समस्त क्रियाएँ
19. (ब) प्रो. जे.के. मेहता का
20. (स) बेनहम
21. (स) यह विज्ञान व कला दोनों है
22. (द) जब साधन असीमित होते हैं
23. (ब) विदेशी व्यापार का नियमन व नियंत्रण कैसे हो
24. (द) साधनों के चुनाव की
25. (स) राशनिंग
26. (अ) कीमत-यंत्र से
27. (द) उपर्युक्त सभी
28. (स) वर्णमूलक अर्थशास्त्र
29. (ब) आर्थिक सिद्धांत
30. (स) अनुप्रयुक्त अर्थशास्त्र
31. (ब) रेग्नर फ्रिश
32. (द) व्यष्टि अर्थशास्त्र
33. (अ) सूक्ष्म अर्थशास्त्र
34. (ब) समष्टि अर्थशास्त्र
35. (ब) विस्तृत अर्थशास्त्र
36. (स) जे.एम. कीन्स
37. (ब) एडम स्मिथ
38. (अ) कीमतों के निर्धारण में
39. (द) संपूर्ण अर्थव्यवस्था का ज्ञान न होना
40. (द) उपर्युक्त सभी
41. (ब) समष्टि अर्थशास्त्र

42. (अ) समष्टि अर्थशास्त्र
43. (ब) जे.एम. कीन्स
44. (स) जे.एस. मिल
45. (स) स्थैतिकी
46. (अ) स्थिर
47. (स) प्रावैगिकी
48. (ब) व्यष्टि प्रावैगिक विश्लेषण
49. (स) आगमन-प्रणाली पर आधारित है *(यह विश्लेषण आगमन प्रणाली पर आधारित न होकर निर्गमन प्रणाली पर आधारित है।)*
50. (द) जे. बेंथम
51. (स) आवश्यकता की संतुष्टि से
52. (अ) उपयोगी
53. (स) वस्तु पर व्यय की जानेवाली मुद्रा को
54. (ब) गणनावाचक दृष्टिकोण
55. (अ) गणनावाचक
56. (ब) क्रमवाचक
57. (स) प्रो. जेवेंस
58. (अ) उपभोग
59. (स) कुल उपयोगिता
60. (अ) सीमांत उपयोगिता
61. (स) धनात्मक
62. (अ) शून्य
63. (स) ऋणात्मक
64. (ब) सीमांत उपयोगिता का कम होना *(पानी अधिक मात्रा में उपलब्ध होने के कारण उसकी एक अतिरिक्त इकाई की सीमांत उपयोगिता कम होने के कारण उसका मूल्य कम होता है, जबकि हीरा कम उपलब्ध होने के कारण उसकी एक अतिरिक्त इकाई की सीमांत उपयोगिता अधिक होने के कारण उसका मूल्य अधिक होता है। अर्थशास्त्र में इसे हीरा-पानी विरोधाभास की संज्ञा दी जाती है।)*
65. (अ) हीरे की सीमांत उपयोगिता अधिक होती है
66. (ब) सीमांत उपयोगिता
67. (ब) घटती है
68. (अ) सीमांत उपयोगिता ह्रास नियम लागू होने के कारण
69. (द) एच.एच. गौसेन
70. (स) वस्तु की असीमित मात्रा में उपलब्धता
71. (ब) सम-सीमांत उपयोगिता नियम
72. (ब) $\frac{MUx}{Px} = \frac{MUy}{Py}$
73. (स) उपभोक्ता की बचत
74. (अ) ड्यूपिट
75. (ब) कुल उपयोगिता – कीमत × खरीदी गई इकाइयाँ
76. (द) द्रव्य की सीमांत उपयोगिता का स्थिर नहीं रहना
77. (ब) प्रो. जे.आर. हिक्स

78. (ब) लागत-वृद्धि उद्योग
79. (स) ह्रासमान लागत उद्योग
80. (अ) औसत आय-सीमांत लागत
81. (ब) तटस्थता वक्र
82. (ब) ऋणात्मक
83. (अ) तटस्थता मानचित्र
84. (ब) प्रत्येक बिंदु पर समान संतुष्टि मिलने के कारण उपभोक्ता किसी संयोग के प्रति उदासीन रहता है
85. (स) उन्नतोदर
86. (ब) अधिक संतुष्टि
87. (द) ∞
88. (ब) स्थानापन्न वस्तु
89. (द) कॉफी
90. (अ) पूरक
91. (स) कार-पेट्रोल
92. (ब) 45° का कोण बनाती हुई एक सीधी रेखा
93. (अ) अंग्रेजी अक्षर एल के आकार का (90° का कोण बनाता हुआ)
94. (स) कलम-पेंसिल
95. (द) बजट-रेखा
96. (ब) ऊपर की ओर
97. (ब) जहाँ यह बजट-रेखा को स्पर्श करता है
98. (अ) उन्नतोदर
99. (अ) कीमत-प्रभाव
100. (ब) ऋणात्मक
101. (ब) आय-प्रभाव
102. (अ) बढ़ेगी
103. (ब) ऋणात्मक
104. (ब) विभिन्न आय पर माँगी जानेवाली मात्रा को दरशानेवाले वक्र को
105. (स) प्रतिस्थापन-प्रभाव
106. (ब) तटस्थता वक्र उत्पादन संभावना वक्र को स्पर्श करे
107. (द) निश्चित कीमत व समय
108. (स) पाँच
109. (स) (अ) व (ब) दोनों
110. (अ) तीन
111. (ब) कीमत-माँग
112. (स) आय-माँग
113. (स) प्रतिस्थापन व पूरक दोनों
114. (अ) धनात्मक
115. (ब) ऋणात्मक
116. (ब) घटती है
117. (अ) घटेगी *(कार की कीमत बढ़ने पर कार कम खरीदी जाएगी इसलिए पेट्रोल की माँग भी कम होगी।)*
118. (अ) धनात्मक
119. (अ) संयुक्त माँग
120. (द) कार *(कार की माँग के साथ पेट्रोल की भी माँग होती है, इस कारण इसे संयुक्त माँग कहा जाता है।)*
121. (ब) व्युत्पन्न माँग
122. (स) सामूहिक माँग *(सामूहिक माँग जैसे मकान की माँग*

के साथ ही सीमेंट, ईंट, बजरी आदि की भी माँग उत्पन्न हो जाती है।)

123. (स) चाय *(बिजली, चने की दाल व मुद्रा तीनों के बहुत से प्रयोग होते हैं।)*

124. (द) उपर्युक्त सभी

125. (अ) कीमत व माँग-मात्रा के संबंध को

126. (द) विभिन्न विक्रेताओं के मध्य प्रतियोगिता

127. (द) उपर्युक्त सभी

128. (ब) कीमतों में परिवर्तन

129. (ब) जब कीमत घटने पर माँग बढ़े

130. (स) कीमतों में परिवर्तन

131. (द) $D = f(p)$

132. (अ) कीमत प्रभाव = प्रतिस्थापन प्रभाव + आय प्रभाव

133. (स) परिणामात्मक

134. (स) माँग की कीमत-लोच

135. (अ) $\frac{\text{माँग में आनुपातिक परिवर्तन}}{\text{कीमत में आनुपातिक परिवर्तन}}$

136. (ब) माँग की आय-लोच

137. (स) पूर्ण बेलोचदार

138. (ब) नमक

139. (अ) पूर्ण लोचदार

140. (ब) लोचदार

141. (स) फल

142. (ब) समाचार-पत्र

143. (द) फल

144. (ब) बेलोचदार

145. (द) अधिक लोचदार

146. (अ) लोचदार

147. (ब) घटिया या हीन *(हीन वस्तुएँ वे वस्तुएँ होती हैं, जो माँग के नियम का विरोध करती हैं। इन वस्तुओं की माँग कीमत बढ़ने पर बढ़ती है एवं कीमत कम होने पर कम होती है।)*

148. (स) लंबवत्

149. (ब) क्षैतिज

150. (अ) $\frac{\text{बिंदु का निचला भाग}}{\text{बिंदु का ऊपरी भाग}}$

151. (ब) $e > 1$

152. (स) $e = \frac{P}{x} \cdot \frac{dx}{dp}$

153. (स) पूर्ण बेलोचदार

154. (ब) ऋणात्मक

155. (अ) पूर्ति

156. (स) धनात्मक

157. (स) वृद्धि होगी

158. (द) बेलोचदार

159. (स) मोनालिसा की पेंटिंग

160. (ब) पूर्ति का विस्तार

161. (ब) पूर्ण बेलोचदार

162. (अ) पूर्ण लोचदार

163. (द) पूर्ति

164. (अ) पूर्ति में आनुपातिक परिवर्तन ÷ कीमत में आनुपातिक परिवर्तन

165. (द) $es = 1$

166. (ब) es < 1
167. (द) पाँच
168. (ब) पूर्ति में वृद्धि व कमी
169. (स) किसी वस्तु की उपयोगिता को बढ़ाना
170. (ब) क्योंकि कुम्हार ने मिट्टी की उपयोगिता को बढ़ाया है
171. (स) भौतिक तथा अभौतिक— दोनों
172. (द) भौतिक उत्पादन
173. (स) शिक्षा से व्यक्तित्व का निर्माण करना
174. (द) उपर्युक्त सभी उत्पादन के साधन हैं
175. (स) मजदूरी
176. (स) पूँजीपति—लाभ
177. (ब) साहसी को
178. (स) उत्पत्ति के नियम में
179. (स) उत्पत्ति-वृद्धि नियम
180. (ब) उत्पत्ति-समता नियम के अंतर्गत
181. (स) ह्रासमान
182. (अ) उत्पत्ति-ह्रास नियम के अंतर्गत
183. (द) लागत ह्रास नियम
184. (ब) अधिकतम
185. (ब) द्वितीय अवस्था
186. (स) AP = MP
187. (स) अपने संभावित प्रतियोगियों को बाजार से बाहर करने के लिए
188. (ब) उत्पत्ति-ह्रास नियम
189. (अ) समोत्पाद वक्र
190. (ब) समान
191. (स) ऋणात्मक
192. (स) समोत्पाद मानचित्र
193. (द) समोत्पाद वक्रों के मध्य हमेशा दूरियाँ समान होती हैं
194. (अ) 45° की एक सीधी रेखा
195. (ब) अधिक
196. (अ) उत्पादन के आर्थिक क्षेत्र व अनार्थिक क्षेत्र का विभाजन
197. (स) सम लागत वक्र
198. (ब) का स्पर्श करता है
199. (ब) ऊपर की ओर
200. (अ) पैमाना रेखा या विस्तार रेखा
201. (स) उत्पादन के साधन व उत्पादन-मात्रा के मध्य फलनात्मक संबंध को
202. (ब) $Q = A L^{\alpha} K^{1-\alpha}$
203. (स) पैमाने के समता प्रतिफल
204. (अ) रेखीय
205. (अ) पैमाने के प्रतिफलों के माध्यम से
206. (स) पैमाने का वृद्धिमान प्रतिफल
207. (अ) घटती हैं
208. (ब) पैमाने के समतामान प्रतिफल
209. (स) समान रहती हैं
210. (स) दीर्घकाल में
211. (अ) वृद्धिमान

212. (द) संगठन की कुशलता का घटना
213. (ब) दुगुना
214. (द) पूर्ण प्रतियोगिता
215. (ब) ह्रासमान
216. (अ) लागत
217. (द) द्रव्य लागत
218. (ब) स्पष्ट लागत
219. (स) सन्निहित लागत
220. (ब) स्पष्ट लागत + सन्निहित लागत + सामान्य लागत
221. (अ) उत्पादन में होनेवाला कष्ट + प्रतीक्षा + श्रम + अन्य बुरा प्रभाव
222. (स) अवसर लागत
223. (द) 1750 रुपए
224. (द) उपर्युक्त सभी में
225. (स) चार
226. (ब) स्थायी लागत
227. (स) कच्चे माल का मूल्य
228. (अ) परिवर्तनशील लागत
229. (स) स्थिर व परिवर्तनशील लागतों का योग
230. (द) भवन का किराया
231. (ब) स्थिर लागत
232. (ब) तीन
233. (द) औसत स्थिर लागत
234. (अ) औसत लागत
235. (स) कुल परिवर्तनशील लागत को इकाइयों की संख्या से विभाजित करके
236. (स) सीमांत लागत
237. (स) औसत स्थिर लागत वक्र
238. (द) सीमांत लागत
239. (स) औसत लागत से अधिक तेजी से गिरती है
240. (ब) औसत लागत से अधिक तेजी से बढ़ती है
241. (द) उपर्युक्त कोई नहीं
242. (स) दीर्घकालीन औसत लागत वक्र को
243. (अ) दीर्घकालीन औसत लागत वक्र
244. (ब) आगम
245. (अ) कुल आगम
246. (स) सीमांत आगम
247. (ब) कुल आगम ÷ कुल विक्रय इकाइयाँ
248. (द) जब गतिशील साधनों का सीमांत उत्पादन अधिकतम होगा
249. (स) क्षैतिज
250. (अ) ऋणात्मक ढालयुक्त रेखा
251. (ब) माँग-वक्र
252. (स) $TR = P \times Q$
253. (ब) बाजार
254. (ब) चार *(अति अल्पकालीन, अल्पकालीन, दीर्घकालीन व अति दीर्घकालीन बाजार)*
255. (अ) अति अल्पकालीन
256. (स) दीर्घकालीन बाजार
257. (ब) चार *(स्थानीय, प्रादेशिक,*

राष्ट्रीय व अंतरराष्ट्रीय बाजार)

258. (द) अंतरराष्ट्रीय बाजार
259. (अ) तीन *(पूर्ण प्रतियोगी, अपूर्ण प्रतियोगी व एकाधिकारी बाजार)*
260. (स) फर्म
261. (अ) उद्योग
262. (द) वस्तु को कम-से-कम कीमत पर बेचना
263. (स) जहाँ वस्तु गैर-कानूनी ढंग से बेची जाती हैं
264. (अ) पूर्ण प्रतियोगी बाजार
265. (स) दीर्घकाल में असामान्य लाभ कमाना
266. (द) मूल्य-नियंत्रण नहीं होता है
267. (अ) संपूर्ण बाजार में एक समान
268. (ब) मात्रा एवं गुण में एक समान
269. (अ) पूर्ण गतिशील
270. (स) पूर्ण स्वतंत्र
271. (स) जब उसके उत्पादन की मात्रा में परिवर्तन की प्रवृत्ति न हो एवं लाभ अधिकतम हो
272. (अ) कुल आय - कुल लागत
273. (ब) फर्म अपनी तकनीक में परिवर्तन करना चाहती है
274. (ब) MR = MC
275. (द) सभी संभव है
276. (अ) सामान्य लाभ
277. (ब) चीनी उद्योग
278. (स) जब कीमत व परिवर्तनशील लागत बराबर हो
279. (ब) जब कीमत व औसत लागत बराबर हो
280. (स) फर्मों की संख्या बढ़ेगी
281. (द) हानि की मात्रा पर निर्भर *(यदि कीमत परिवर्तनशील लागत जितनी भी मिलती रहेगी तो फर्में उत्पादन जारी रखेंगी व अल्पकाल में हानि उठाएँगी।)*
282. (अ) वास्तव में वस्तुएँ समान न होकर उनमें विभेद होता है
283. (अ) शून्य
284. (द) विज्ञापन होता ही नहीं
285. (अ) एक
286. (द) फर्म व उद्योग एक ही होता है
287. (स) बेलोचदार
288. (द) दोनों में से एक को *(एकाधिकारी यदि कीमत ऊँची रखता है तो कम बिकने के कारण उसे पूर्ति कम रखनी होगी एवं पूर्ति अधिक होने पर कीमत स्वत: ही कम हो जाएगी। इस प्रकार वह दोनों में से किसी एक को ही नियंत्रित कर पाता है।)*
289. (स) विज्ञापन पर व्यय
290. (ब) पूर्ण प्रतियोगिता से कम

291. (स) अपने लाभ को अधिकतम करना
292. (ब) मूल्य-विभेद
293. (अ) राशन के गेहूँ का कम मूल्य गरीबों से व अधिक मूल्य अमीरों से वसूल करना
294. (द) उपर्युक्त सभी संभव है
295. (अ) असामान्य लाभ
296. (स) उत्पादन-वृद्धि के साथ मूल्य में कमी होना
297. (ब) पूर्ण प्रतियोगिता से कम
298. (स) संभावित प्रतियोगियों को बाजार से बाहर करने के लिए
299. (अ) जब उसे बाजार में प्रतियोगिता का कोई भय न हो
300. (ब) $\mu = \frac{P - C}{P}$
301. (स) $\mu = \infty$
302. (द) पूर्ति पर प्रतिबंध
303. (अ) $\mu = 0$
304. (ब) $\mu = \frac{1}{e}$
305. (स) रेल सेवा
306. (द) पूर्ति की मात्रा पर निर्भर है
307. (द) नमक की दरें
308. (स) क्रेताओं की आर्थिक स्थिति भिन्न होनी चाहिए
309. (स) पूर्ति वक्र अनुपस्थित होता है
310. (अ) जब वह प्रथम अंश का कीमत-विभेद करता है
311. (ब) राशिपातन
312. (अ) श्रीमती जॉन रॉबिंसन
313. (ब) तीन
314. (स) द्वयाधिकार
315. (ब) प्रो. चेंबरलिन
316. (ब) सीमित
317. (स) एक एकाधिकारी की वस्तु को एक एकाधिकारी क्रेता ही खरीदे
318. (अ) सरकार के द्वारा बिजली की खरीद
319. (स) अधिक लोचदार
320. (द) भारतीय रेल
321. (अ) विज्ञापन
322. (स) MR = MC
323. (द) उपर्युक्त सभी संभव है
324. (अ) सामान्य लाभ
325. (द) उत्पादित वस्तुएँ मात्रा व गुण में समान होती हैं
326. (स) औसत लागत
327. (स) अल्पाधिकार
328. (द) फर्म का आकार अनुकूलतम होने की प्रवृत्ति रहती है
329. (ब) विज्ञापन का
330. (अ) पूर्ण अल्पाधिकार
331. (ब) प्रो. पॉल एम. स्वीजी
332. (स) मूल्य में कमी
333. (अ) मूल्य में कमी
334. (ब) वस्तु की माँग व पूर्ति द्वारा निर्धारित होता है

335. (ब) कार्ल मार्क्स
336. (स) लागत–सिद्धांत
337. (ब) प्रो. जेवंस
338. (स) प्रो. बीजर
339. (अ) वस्तु की माँग व पूर्ति से
340. (ब) कुल माँग = कुल पूर्ति
341. (स) वस्तु की सीमांत उपयोगिता पर
342. (अ) बढ़ेगा
343. (ब) वस्तु की पूर्ति की
344. (अ) माँग की
345. (स) माँग व पूर्ति—दोनों की
346. (ब) लंबवत् *[शीघ्र नाशवान वस्तुओं की पूर्ति तुरंत नहीं बढ़ाई जा सकती, इस कारण से अल्पकाल में इनका पूर्ति वक्र पूर्ण बेलोचदार (लंबवत् आकार) का होता है।]*
347. (ब) निरुत्पादनीय वस्तु
348. (अ) शाला भवन
349. (स) बाजार मूल्य
350. (ब) इस मूल्य पर पूर्ति निश्चित एवं स्थिर होती है
351. (अ) वितरण के सिद्धांत
352. (ब) भूमि
353. (स) सीमांत भौतिक उत्पादकता
354. (ब) सीमांत आगम उत्पादकता
355. (अ) युलीसे गोबी
356. (अ) MRP = MPP × MR
357. (स) सीमांत उत्पादकता
358. (स) यू–आकार
359. (ब) सीमांत आय–उत्पादन = साधन की सीमांत लागत
360. (स) उनकी माँग एवं पूर्ति के आधार पर
361. (अ) बढ़ेगा
362. (द) उपर्युक्त सभी मान्यताओं पर
363. (ब) लगान
364. (द) बेलोचदार
365. (अ) रिकॉर्डो
366. (स) आर्थिक लगान
367. (ब) ठेका लगान
368. (द) उपर्युक्त सभी
369. (अ) ठेका लगान
370. (ब) रिकॉर्डो
371. (द) लगान भूमि की उदारता का प्रतिफल है।
372. (अ) भूमि की उर्वरा–शक्ति में भिन्नता
373. (अ) श्रीमती जॉन रोबिंसन व प्रो. बोल्डिंग
374. (द) सभी साधनों को
375. (अ) लगान = वास्तविक आय – विकल्प आय
376. (स) 400 रुपए
377. (अ) 800 रुपए
378. (अ) कुछ नहीं
379. (ब) संपूर्ण आय
380. (स) दुर्लभता लगान
381. (ब) आभास लगान
382. (ब) प्रो. मार्शल

383. (अ) कुल आगम - कुल परिवर्तनशील लागत
384. (स) 500 रुपए
385. (स) दोनों एक-दूसरे को प्रभावित करते हैं
386. (ब) धनात्मक
387. (द) सरकारी नीति
388. (द) भूमि की पूर्ति का लोचदार होना
389. (ब) मजदूरी
390. (अ) द्रव्य मजदूरी
391. (द) श्रमिकों पर किए गए अन्य सभी व्यय को
392. (द) श्रमिकों की जाति
393. (अ) समयानुसार मजदूरी
394. (द) सामाजिक समानता का पोषक है
395. (ब) प्रकृतिवादियों ने
396. (स) मजदूरी का जीवन-स्तर सिद्धांत
397. (ब) श्रम की सीमांत उत्पादकता से
398. (अ) सीमांत उत्पादकता को ज्ञात किया जाना कठिन है
399. (अ) प्रो. टॉजिंग
400. (स) मजदूरी का अवशेषाधिकार सिद्धांत
401. (ब) प्रो. वाकर
402. (द) श्रम की माँग एवं पूर्ति से
403. (ब) ऋणात्मक
404. (अ) धनात्मक
405. (स) घटेगी
406. (स) y अक्ष की ओर झुकता हुआ
407. (ब) श्रम की माँग एवं पूर्ति से
408. (अ) मजदूरी दर के बराबर हो
409. (स) MW = ARP = MRP
410. (अ) इसमें श्रम का शोषणं होता है
411. (ब) जब नियोक्ता क्रेता एकाधिकारी होता है
412. (द) ब्याज
413. (अ) शुद्ध ब्याज
414. (ब) कुल ब्याज
415. (द) प्रो. कीन्स
416. (स) ऋणात्मक
417. (द) उपर्युक्त सभी
418. (अ) ब्याज का प्रतीक्षा सिद्धांत
419. (द) माल्थस, जे.बी. से, केरे
420. (ब) पूँजी की माँग एवं पूर्ति के आधार पर
421. (अ) प्रो. जे.एम. कीन्स
422. (द) उधार देय उद्देश्य
423. (ब) आय पर
424. (स) ब्याज-दर पर
425. (स) कुल प्रचलित मुद्रा व मुद्रा की मात्रा
426. (अ) तरलता-जाल
427. (ब) पूँजी की माँग की
428. (अ) स्थिर
429. (स) ब्याज का तरलतापसंदगी सिद्धांत

430. (ब) वह मुद्रा की पूर्ति बढ़ाकर ब्याज-दर कम कर सकता है
431. (द) ऋणात्मक
432. (अ) ब्याज का उधार देय कोष सिद्धांत
433. (ब) विक्सेल
434. (द) उधार देय कोषों की माँग व पूर्ति दोनों से
435. (द) पूँजी की सीमांत उत्पादकता
436. (स) हिक्स व हेनसन
437. (अ) लाभ
438. (अ) प्रो. मार्शल
439. (स) शुद्ध लाभ
440. (ब) आकस्मिक लाभ
441. (स) एकाधिकारी लाभ
442. (स) AR > AC
443. (ब) सामान्य लाभ
444. (स) असामान्य लाभ
445. (अ) प्रो. टॉजिंग
446. (ब) कार्ल मार्क्स
447. (अ) प्रो. हॉले
448. (ब) प्रो. नाइट
449. (स) (अ) व (ब) दोनों
450. (द) व्यापार-चक्रों का जोखिम
451. (स) उत्पादित वस्तु चोरी या डकैती का जोखिम
452. (अ) साहसी की माँग एवं पूर्ति
453. (द) साहसियों की माँग एवं पूर्ति से
454. (ब) जे.एम. कीन्स
455. (अ) जे.एम. कीन्स
456. (स) समष्टि अर्थशास्त्र
457. (द) वस्तु कीमत सिद्धांत
458. (ब) प्रो. शेपीरो
459. (ब) अपने देश के राष्ट्रपति की आय *(यह आय व्यक्तिगत है, इसलिए इसे शामिल नहीं किया जाता परंतु; यदि भारत के राष्ट्रपति महोदय की आय की तुलना विश्व के अन्य देशों के राष्ट्रपतियों की आय से की जाए तो यह समष्टि अर्थशास्त्र के क्षेत्र की विषय-वस्तु होगी।)*
460. (स) वर्तमान में इसका महत्त्व घटता जा रहा है
461. (अ) समष्टि आर्थिक स्थैतिकी
462. (अ) समष्टि स्थैतिकी
463. (द) समष्टि तुलनात्मक स्थैतिकी
464. (स) समष्टि प्रावैगिकी
465. (ब) समष्टि प्रावैगिकी
466. (स) आर्थिक चर
467. (ब) आंतरिक चर
468. (स) बाहरी चर
469. (अ) आंतरिक चर
470. (ब) अचर
471. (स) आय
472. (अ) साधन आय
473. (द) वास्तविक आय
474. (ब) स्थायी आय
475. (अ) स्वलेखा उत्पाद

476. (ब) अंतिम उपभोग उत्पाद
477. (स) मात्रा व कीमत के गुणनफल से
478. (द) पूर्ण रोजगार
479. (स) तकनीकी बेरोजगारी
480. (ब) अदृश्य अल्परोजगार
481. (ब) राष्ट्रीय आय
482. (अ) राष्ट्रीय आय
483. (ब) प्रो. मार्शल
484. (स) भौतिक व अभौतिक—दोनों उत्पादन को
485. (ब) त्रैमासिक
486. (अ) प्रो. पीगू
487. (अ) डॉक्टर द्वारा रोगी का इलाज करना
488. (ब) शामिल नहीं होंगी
489. (द) प्रो. फीशर
490. (स) सकल राष्ट्रीय उत्पाद
491. (ब) मूल्यह्रास
492. (द) सभी प्रकार की आय को शामिल किया जाता है *(केवल वैधानिक आय को ही शामिल किया जाता है।)*
493. (अ) GNE = C + I + G + X – M
494. (ब) GNP_{FC} = GNP_{MP} – अप्रत्यक्ष कर + अनुदान
495. (स) साधन-लागत पर शुद्ध राष्ट्रीय उत्पाद
496. (स) व्यक्तिगत आय – प्रत्यक्ष कर – फीस व जुर्माने
497. (अ) उपभोग + बचत
498. (द) तीन *(आय विधि, व्यय विधि व उत्पादन विधि।)*
499. (ब) $\frac{\text{राष्ट्रीय आय}}{\text{जनसंख्या}}$
500. (स) अवितरित लाभ
501. (ब) लाभांश
502. (स) स्वरोजगारों की आय
503. (अ) प्राथमिक क्षेत्र
504. (ब) प्राथमिक क्षेत्र
505. (स) तृतीयक क्षेत्र
506. (स) अंतिम वस्तुएँ व सेवाएँ
507. (ब) विदेशों से प्राप्त साधन आय का
508. (द) NY = NNPmp
509. (द) सामाजिक सुरक्षा अंशदान
510. (अ) पेंशन व हस्तांतरण भुगतान
511. (ब) प्रति व्यक्ति आय
512. (स) (अ) व (ब) दोनों
513. (स) 5 प्रतिशत वृद्धि
514. (द) कुछ कहा नहीं जा सकता
515. (द) अनिश्चित
516. (अ) वृद्धि होगी
517. (ब) घटेगा
518. (ब) घटेगा
519. (द) जे.एम. कीन्स
520. (ब) पाँच
521. (ब) उत्पादन लेखा
522. (स) पूँजीगत लेखा
523. (ब) सरकारी लेखा
524. (स) यह भुगतानों का पूर्ण लेखा है

525. (अ) जे.बी. से
526. (ब) श्रम की माँग की दर एवं पूर्ति से
527. (द) उत्पादन में वर्द्धमान प्रतिफल का नियम लागू होता है ?
528. (ब) धनात्मक
529. (अ) मुद्रा की पूर्ति की
530. (ब) ऋणात्मक
531. (अ) ऋणात्मक
532. (ब) श्रमिकों की मौद्रिक मजदूरी में वृद्धि होगी
533. (ब) श्रम की वास्तविक मजदूरी कम हो जाएगी
534. (द) मौद्रिक मजदूरी-दर में कमी
535. (स) श्रम की मौद्रिक मजदूरी में वृद्धि होगी
536. (ब) मौद्रिक मजदूरी-दर में वृद्धि होगी
537. (द) उपर्युक्त सभी
538. (ब) रोजगार के सिद्धांत को
539. (ब) समस्त माँग व पूर्ति के साम्य पर
540. (ब) उत्पादन की कुल लागत
541. (अ) रोजगार का संतुलन पूर्ण रोजगार स्तर पर ही संभव है
542. (अ) पूँजी की सीमांत दक्षता व ब्याज-दर में
543. (स) पूर्ण रोजगार
544. (स) अल्पकाल में पूर्ति-क्रिया को स्थिर माना गया है
545. (ब) उनके अनुसार मजदूरी दरें घटाकर रोजगार बढ़ाया जा सकता है
546. (ब) मजदूरी-दर में कमी करना
547. (अ) वास्तविक नगदी में परिवर्तन का उपभोग पर प्रभाव
548. (ब) उपभोग-फलन
549. (अ) धनात्मक
550. (ब) $C = f(y)$
551. (स) आय-वृद्धि से कम
552. (ब) औसत उपभोग प्रवृत्ति
553. (अ) सीमांत उपभोग प्रवृत्ति
554. (अ) $\frac{\Delta C}{\Delta Y}$
555. (द) $\frac{C}{Y}$
556. (स) औसत बचत प्रवृत्ति
557. (ब) सीमांत बचत प्रवृत्ति
558. (द) उपभोग करने के लिए आय आवश्यक है
559. (द) आय शून्य होने पर उपभोग भी शून्य होता है
560. (स) इकाई से कम
561. (अ) सापेक्ष आय सिद्धांत
562. (द) स्थायी आय सिद्धांत
563. (स) मोडिग्लियानी व एंडो
564. (ब) प्रदर्शन-प्रभाव
565. (स) रैचेट-प्रभाव
566. (ब) लॉटरी से हुई आय
567. (द) भविष्य के प्रति धारणा *(भविष्य के प्रति चिंता में*

व्यक्ति उपभोग बढ़ाता नहीं है वरन् कम करता है)

568. (अ) MPC + MPS = 1

569. (ब) आय

570. (अ) ऋणात्मक *(ब्याज दर में वृद्धि होने पर लोग उपभोग कम कर देते हैं, इस कारण इनमें विपरीत संबंध होता है)*

571. (ब) स्थिर रहेगी

572. (ब) मुद्रा-भ्रम का जाल

573. (अ) गुणक

574. (स) निवेश की कुछ गुणा अधिक होती है

575. (ब) आर.एफ. काहन

576. (स) सीमांत उपभोग प्रवृत्ति

577. (द) $K = \frac{1}{1 - MPC}$

578. (ब) पाँच

579. (द) दो

580. (अ) एक

581. (अ) आयात

582. (ब) निर्यात में वृद्धि

583. (स) −9 *(कर गुणक का मान = $\frac{-b}{1-b}$ जहाँ b सीमांत उपभोग प्रवृत्ति है।)*

584. (स) यदि उपभोग फलन x अक्ष के समानांतर हो तो गुणक का मान शून्य होगा

585. (ब) त्वरक

586. (स) जे.एम. क्लार्क

587. (ब) उपभोग पर निवेश के प्रभाव का

588. (द) उद्योग में प्रतिकूल परिस्थितियाँ विद्यमान रहती हैं

589. (द) उपर्युक्त सभी

590. (स) गुणक व त्वरक की क्रिया

591. (ब) पूँजी-उत्पादन अनुपात

592. (अ) पूँजी की सीमांत उत्पादकता

593. (अ) बढ़ेगा

594. (स) निष्क्रिय

595. (ब) घटेगी

596. (अ) $K1 = \frac{N_2}{N_1}$

597. (ब) $Kf = \frac{\Delta y}{\Delta E}$

598. (अ) पूँजी की सीमांत दक्षता का

599. (स) प्रो. शपीरो ने

600. (ब) कंपनी में लगी अंश-पूँजी

601. (अ) प्रो. मार्शल

602. (ब) वस्तु विनिमय

603. (द) वस्तुओं का पर्याप्त मात्रा में उपलब्ध न होना

604. (अ) 4950

605. (स) धातु के सिक्के

606. (स) पत्र मुद्रामान

607. (ब) हार्टले विदर्स

608. (स) (अ) और (ब) दोनों

609. (द) राष्ट्रीय आय का वितरण

610. (ब) धन का सर्वाधिक तरल रूप है *(यह मुद्रा का दोष न*

होकर गुण है कि उसे प्रत्येक समय, स्थान, परिस्थिति में बिना किसी विशेष जाँच-पड़ताल के वस्तुओं व सेवाओं को क्रय करने में प्रयुक्त किया जा सकता है।)

611. (द) प्रो. कोलबोर्न तथा पॉल इंजिग
612. (स) न्यूनतम कोष-प्रणाली
613. (द) उपर्युक्त सभी
614. (ब) प्रो. पीगू
615. (ब) बैंकों में चालू व बचत खाते में मुद्रा की मात्रा को
616. (स) बैंकों में सावधि खातों में जमा मुद्रा की मात्रा को
617. (द) भारतीय रिजर्व बैंक द्वारा
618. (स) चार
619. (द) प्रदिष्ट पत्र मुद्रा
620. (ब) प्रदिष्ट पत्र मुद्रा
621. (अ) M_1
622. (ब) M_1 + डाकघर की माँग जमाएँ
623. (स) M_1 + बैंकों की समय जमाएँ
624. (द) M_3 + डाकघर की समय जमाएँ (राष्ट्रीय बचत-पत्र को छोड़कर)
625. (अ) धातु के सिक्के व नोट को
626. (ब) कुल मौद्रिक साधनों को
627. (द) क्रयशक्ति का होना
628. (ब) व्युत्पन्न माँग
629. (अ) डॉन पेटिन किन
630. (अ) मूल्य का संचय
631. (स) आयात का उद्देश्य
632. (स) फिशर—नगद शेष दृष्टिकोण
633. (अ) प्रो. इरविंग फिशर
634. (द) प्रो. इरविंग फिशर
635. (स) $P = \frac{MV + M_1V_1}{T}$
636. (द) ऋणात्मक
637. (ब) फिशर के मुद्रा परिमाण सिद्धांत को
638. (स) नगद शेष दृष्टिकोण
639. (अ) मुद्रा की माँग को
640. (स) $P = \frac{n}{K + rK^1}$
641. (द) प्रो. फिशर
642. (ब) अल्पकालीन
643. (द) इसमें मुद्रा की पूर्ति को महत्त्व प्रदान किया गया है
644. (ब) मुद्रा की माँग का कम महत्त्व
645. (स) मुद्रा की माँग
646. (अ) स्थायी आय
647. (स) मुद्रास्फीति
648. (ब) मुद्रा की मात्रा में वृद्धि
649. (अ) अवरोध गति मुद्रास्फीति
650. (स) रेंगती मुद्रास्फीति
651. (द) उछलती-कूदती मुद्रास्फीति
652. (स) उत्पादन-प्रेरित मुद्रास्फीति
653. (ब) खुले बाजार से प्रतिभूतियों का क्रय

654. (ब) हमेशा हानि
655. (अ) ये बढ़ते हैं
656. (स) करों में वृद्धि *(यह राजकोषीय उपाय में सम्मिलित होता है।)*
657. (द) करों में वृद्धि एवं साख की राशनिंग
658. (ब) चयनित साख-नियंत्रण
659. (अ) अर्द्ध स्फीति
660. (अ) यह मजदूरी दरों व बेरोजगारी के मध्य अरेखीय संबंध को बतलाता है
661. (अ) मुद्रास्फीति
662. (स) मौद्रिक अति-निवेश सिद्धांत—काल्डोर
663. (द) काल्डोर
664. (ब) भारतीय रिजर्व बैंक
665. (स) व्यक्तिगत ऋण देना
666. (अ) नोट निर्गमन करना
667. (स) वित्त मंत्रालय द्वारा
668. (ब) केंद्रीय बैंक द्वारा
669. (द) जनता को ऋण प्रदान करना
670. (अ) यह सरकार के लाभ के लिए कार्य करता है
671. (ब) प्रतिभूतियों का क्रय-विक्रय
672. (स) बैंक-दर
673. (द) व्यापारिक बैंक अधिक ऋण दे सकेंगे
674. (ब) व्यापारिक बैंक
675. (अ) दो
676. (स) अनुसूचित बैंक
677. (द) नोट निर्गमन
678. (अ) साख
679. (ब) तीन
680. (द) बैंकों की जमाएँ प्रारंभिक का व्युत्पन्न दो प्रकार की होती है
681. (ब) 90,000
682. (अ) $R = \frac{1}{r}$
683. (स) मौद्रिक नीति
684. (ब) करारोपण से प्राप्त आय में वृद्धि करना
685. (ब) मुद्रा स्फीति
686. (स) राजकोषीय नीति
687. (द) कीमत स्थिरता
688. (अ) सार्वजनिक व्यय में वृद्धि
689. (द) सार्वजनिक ऋण देना
690. (ब) राजस्व-प्राप्तियाँ व राजस्व-व्यय का अंतर
691. (स) बजट-घाटे तथा सरकार के ऋणों व अन्य दायित्वों का योग
692. (द) एक सीमा के बाद करों में वृद्धि से राजस्व में होनेवाली कमी को
693. (स) औद्योगिक कारखाने खोलना
694. (स) व्यक्तिगत आय
695. (अ) डाल्टन
696. (ब) सामाजिक त्याग व सामाजिक उपयोगिता बराबर होने पर

697. (अ) गोपनीयता का
698. (अ) सही बजट-अनुमान लगाकर
699. (ब) सार्वजनिक व्यय में वृद्धि
700. (अ) प्रगतिशील व्यय
701. (स) रोजगार के स्तर से
702. (ब) घटेगी
703. (ब) प्रतिगामी व्यय
704. (स) प्रतिगामी व्यय
705. (अ) दो *(कर आय व गैर कर आय)*
706. (द) सभी लोगों को बराबर कर देना होता है
707. (द) रोजगार प्रदान करना
708. (स) शुल्क
709. (ब) जुर्माना
710. (स) व्यावसायिक आय
711. (अ) महसूल
712. (ब) सीमा-शुल्क
713. (अ) मितव्ययिता का सिद्धांत
714. (द) अधिकतम संभव आय प्राप्त करना
715. (ब) प्रत्यक्ष कर
716. (अ) जिस पर लगाया जाता है, उसी को भुगतान करना होता है
717. (अ) परोक्ष कर
718. (ब) कर का विवर्तन संभव नहीं है
719. (स) परोक्ष कर
720. (स) आय कर
721. (ब) प्रवेश कर
722. (द) उपर्युक्त सभी
723. (अ) आनुपातिक कर
724. (ब) प्रगतिशील
725. (स) प्रतिगामी कर गरीबों के लिए अच्छे होते हैं
726. (स) प्रतिगामी कर
727. (अ) प्रगतिशील
728. (ब) सेवा-लागत का सिद्धांत
729. (स) कर-देय योग्यता सिद्धांत में
730. (अ) न्यूनतम त्याग का सिद्धांत
731. (ब) न्यूनतम त्याग का सिद्धांत—प्रो. आर.एल. जैन
732. (ब) पीगू का
733. (स) कोलबर्ट ने
734. (द) बजट-नीति निर्धारण सिद्धांत
735. (अ) कर-विवर्तन
736. (द) कर-वंचना
737. (ब) पूरा विक्रेता
738. (अ) पूरा क्रेता
739. (ब) पूरा विक्रेता द्वारा
740. (अ) पूरा क्रेता को
741. (स) उत्पत्ति ह्रास नियम में कार्यरत
742. (अ) उपभोक्ता को
743. (अ) उत्पत्ति की मात्रा पर आधारित कर
744. (ब) मकान मालिक
745. (स) उत्तराधिकार कर
746. (ब) उत्तराधिकार कर
747. (अ) जायदाद कर
748. (स) क्रेताओं द्वारा
749. (ब) टोबीन कर

750. (द) उपर्युक्त सभी
751. (स) मैसन
752. (अ) राजाचलैया समिति
753. (स) मूल्यवर्द्धन कर (वेट)
754. (अ) झा समिति द्वारा
755. (द) उपर्युक्त सभी
756. (स) उत्पादन व बिक्री के अंतिम मूल्यों पर
757. (अ) आयकर लगाया जाना चाहिए
758. (ब) डाल्टन का
759. (द) अर्थव्यवस्था का समाजवादी स्वरूप
760. (स) सामान्य सरकारी खर्चों हेतु
761. (ब) मुद्रास्फीति पर प्रभाव नहीं पड़ेगा
762. (अ) शोध्य ऋण
763. (ब) एडम स्मिथ
764. (ब) मकान-निर्माण हेतु लिया गया ऋण
765. (स) बच्चों के लिए दोपहर के भोजन हेतु लिया गया ऋण
766. (अ) शिक्षा-विकास हेतु लिया गया ऋण
767. (ब) इनका प्रयोग हमेशा उत्पादक कार्यों में होता है
768. (अ) हीनार्थ प्रबंध
769. (अ) मंदी काल को दूर करना
770. (स) उपभोग
771. (ब) जे.एम. कीन्स
772. (स) करारोपण
773. (ब) पूँजीपति को
774. (स) डेनियल डिफो
775. (ब) सार्वजनिक ऋण
776. (अ) सार्वजनिक ऋण
777. (अ) विदेशी ऋण अनुत्पादक होते हैं
778. (स) संघीय वित्त
779. (ब) एकात्मक शासन व्यवस्था सिद्धांत
780. (द) सभी पर समान दर से करारोपण
781. (ब) राजकोषीय नीति
782. (स) उपर्युक्त (अ) व (ब) दोनों
783. (अ) ए.पी. लर्नर
784. (द) ए.पी. लर्नर
785. (अ) बजट
786. (स) पंचवर्षीय योजना
787. (ब) रक्षा पर किया गया व्यय
788. (स) संसद्
789. (ब) घाटे का बजट
790. (ब) रैन स्टोर्न
791. (स) आधिक्य संतुलन का बजट
792. (ब) राजनीतिक
793. (ब) कृषि-आय कर
794. (अ) सीमा शुल्क
795. (स) यात्री व माल भाड़े पर कर
796. (अ) राज्यों की बजट संबंधी आवश्यकताओं की जाँच करना
797. (द) अनुच्छेद 142
798. (ब) पाँच

799. (स) इनका गठन प्रतिवर्ष किया जाता है
800. (स) दसवाँ वित्त आयोग—वाई.बी. चव्हाण
801. (अ) 2005-10
802. (द) उपर्युक्त सभी
803. (स) ऋणभार के संग्रह पर व्यय
804. (ब) प्रतिरक्षा
805. (स) प्राकृतिक आपदा प्रबंधन व्यय—विकास व्यय
806. (अ) सरचार्ज
807. (स) पति द्वारा पत्नी को दिए गए एक लाख दस हजार के उपहार
808. (ब) उत्पादन शुल्क
809. (ब) भू-राजस्व कर
810. (अ) मध्य प्रदेश
811. (स) पं. बंगाल
812. (द) भूमि पर
813. (अ) राज्यों की आय का मुख्य स्रोत प्रत्यक्ष कर है
814. (द) परोक्ष कर की तुलना में प्रत्यक्ष कर से अधिक राजस्व की प्राप्ति
815. (अ) वांचू समिति
816. (स) अति उत्पादन की समस्या
817. (द) व्यापार
818. (स) स्वतंत्र
819. (ब) अंतरक्षेत्रीय व्यापार
820. (द) छोटे उद्योगों की रक्षा
821. (ब) उत्पादन के उद्देश्य में
822. (स) देश की सीमा के मध्य साधन गतिशील होते हैं, परंतु विदेश स्तर पर ये गतिहीन हो जाते हैं
823. (अ) विदेश की तुलना में अधिक होती है
824. (अ) डेविड रिकॉर्डो
825. (ब) केवल टोपी
826. (ब) शराब व कपड़ा—दोनों
827. (अ) लागतों में निरपेक्ष अंतर
828. (ब) लागतों में तुलनात्मक अंतर
829. (अ) केवल शराब
830. (ब) जे.एस. मिल
831. (अ) प्रो. मार्शल
832. (ब) श्रम विशिष्टीकरण
833. (अ) वस्तु का मूल्य उसमें लगी श्रम की मात्रा द्वारा निर्धारित होता है
834. (अ) विकल्प उत्पादन की लागत
835. (स) प्रो. हेबरलर
836. (ब) दो कुरसियाँ
837. (द) पैमाने के वर्द्धमान प्रतिफल प्राप्त होते हैं
838. (ब) हेक्शर ओहलिन के सिद्धांत का
839. (ब) दोनों में क्रेता एवं विक्रेता होते हैं
840. (द) (ब) व (स) सही है
841. (ब) न्यूनतम लागत में उत्पादित कर सके
842. (ब) अवसर लागतों में अंतर

843. (अ) हेक्शर ओहलिन

844. (द) दोनों देशों की राजनीतिक स्थितियों में अंतर होना

845. (स) कीमतें समान हो जाती हैं

846. (ब) विदेश व्यापार गुणक

847. (ब) $\frac{\text{राष्ट्रीय आय में परिवर्तन}}{\text{निर्यात में परिवर्तन}}$

848. (अ) बैकवाश प्रभाव

849. (ब) बढ़ेगा

850. (अ) घटेगी *(घटेगी क्योंकि अनाज आयात करने से देश में अनाज सस्ता हो जाएगा एवं मजदूरों का जीवन निर्वाह व्यय भी कम हो जाने के कारण मजदूरी दर में कमी होगी)*

851. (द) उपर्युक्त सभी आधारों पर

852. (ब) मूल्यांकन विधि

853. (अ) मार्शल एवं एजवर्थ

854. (ब) $\frac{\text{आयातों का मूल्य}}{\text{निर्यातों का मूल्य}}$

855. (अ) उस देश के अनुकूल होंगी

856. (स) आर्थिक कल्याण

857. (ब) उस देश के प्रतिकूल

858. (अ) प्रो. डी.एच. राब्रर्टसन

859. (द) यदि हमारे निर्यातों की विदेशों में माँग पूर्ण लोचदार हो तो व्यापार की शर्तें अनुकूल होंगी

860. (अ) अनुकूल

861. (ब) तीनों में वृद्धि होगी

862. (द) देश के विदेशी व्यापार पर प्रतिबंध लगाना

863. (ब) विनिमय-दर

864. (ब) हार्टले विदर्स

865. (अ) अनुकूल

866. (ब) अनुकूल

867. (ब) प्रतिकूल

868. (द) आंतरिक व्यापार के भुगतान हेतु

869. (स) दोनों देशों की मुद्रा में उपलब्ध सोने की मात्रा के आधार पर

870. (ब) 1 रुपया = 5 डॉलर

871. (द) विकास के साथ-साथ सोने की मात्रा में कमी हुई है

872. (ब) देय सिद्धांत

873. (ब) उन देशों की मुद्राओं की आंतरिक क्रयशक्ति पर

874. (ब) 1 भारतीय रुपया = 2 पाकिस्तानी रुपए

875. (द) 1 $ = 45 Rs.

876. (अ) ह्वीटले

877. (द) गुप्ताव कैसल

878. (द) विदेशी विनिमय कोषों की माँग एवं पूर्ति द्वारा

879. (स) नियंत्रित विनिमय-दर

880. (ब) बाजार में डॉलर बेचेगा

881. (स) निर्यात सस्ते होंगे

882. (ब) विनिमय-नियंत्रण

883. (द) विदेशी कंपनियों पर प्रभुत्व स्थापित करना

884. (द) आयात नियंत्रण निर्यात संवर्द्धन
885. (अ) विनिमय उद्बंधन
886. (द) भारतीय रिजर्व बैंक
887. (ब) विनिमय दर में अत्यधिक उच्चावचन
888. (द) अत्यधिक स्फीतिकारी प्रभावों का पड़ना
889. (अ) व्यापार संतुलन
890. (ब) प्रतिकूल व्यापार संतुलन
891. (अ) i = Xt – Mt
892. (द) उपर्युक्त सभी
893. (अ) लोचदार
894. (स) संरक्षण
895. (ब) आय-अवशोषण विधि
896. (स) प्रदर्शन प्रभाव
897. (अ) गुन्नार मिर्डल
898. (ब) स्वर्णमान
899. (द) आर्थिक संकटों की व्यापकता पर प्रभावी नियंत्रण
900. (ब) व्यापारिक नीति
901. (ब) राशिपातन
902. (स) प्रशुल्क
903. (ब) संरक्षणात्मक प्रशुल्क
904. (अ) उपभोग की मात्रा कम हो जाती है
905. (द) जहाँ आयात की मात्रा शून्य हो
906. (ब) कोटा या आयात अभ्यंश
907. (द) आयातों की मात्रा पर पूर्ण रोक लगाना
908. (द) उपर्युक्त सभी
909. (स) राजकीय व्यापार
910. (ब) आर्थिक नियंत्रण स्थापित करना
911. (ब) कार्टेल या संघ
912. (अ) परमानुग्रहित राष्ट्र संधि
913. (अ) द्वितीय श्रेष्ठ सिद्धांत
914. (ब) सन् 1947
915. (अ) 1 जनवरी, 1995
916. (ब) पूरे विश्व में एक मुद्रा से व्यापार प्रारंभ करना
917. (ब) इसका मुख्यालय वाशिंगटन डी.सी. में है
918. (स) कृषि-अनुसंधान से
919. (स) तृतीय—मेक्सिको
920. (अ) सन् 1967
921. (ब) सन् 1985
922. (द) काठमांडू
923. (स) सन् 1944
924. (द) उपर्युक्त सभी
925. (अ) IBRD
926. (ब) सन् 1960
927. (ब) सन् 1967
928. (ब) मनीला
929. (स) सन् 1982
930. (ब) द्वितीय पंचवर्षीय योजना
931. (अ) संयुक्त राज्य अमेरिका
932. (स) खाद्य तेल व पेट्रोलियम पदार्थ
933. (ब) 1 प्रतिशत से कम
934. (द) टेक्सटाइल का

935. (स) पेट्रोलियम पदार्थ
936. (स) यह मात्रा व मूल्य—दोनों में बढ़ा है
937. (ब) सूरत
938. (द) उपर्युक्त सभी
939. (ब) अमेरिका की व्यापार नीतियाँ
940. (ब) मेयर व बाल्डविन
941. (ब) नर्क्से
942. (द) राजनीतिक इच्छाशक्ति में वृद्धि
943. (अ) राजनीतिक इच्छाशक्ति
944. (द) मौद्रिक आय का वर्तमान कीमतों पर लगाया जानेवाला अनुमान ही वास्तविक आय है
945. (ब) मानवीय पूँजी
946. (स) संरचनात्मक परिवर्तन
947. (ब) प्राथमिक क्षेत्र से तृतीयक क्षेत्र की ओर
948. (अ) भारत
949. (ब) दो
950. (स) श्रम गहन तकनीक
951. (द) एडम स्मिथ
952. (द) ऋण
953. (ब) भवनपति
954. (ब) श्रम के औसत व सीमांत उत्पादन का अंतर
955. (अ) श्रम के सीमांत उत्पादन व मजदूरी-दर का अंतर
956. (स) निर्वाह-स्तर पर लगाए गए मजदूरों की संख्या पर
957. (द) शून्य
958. (ब) कार्ल मार्क्स
959. (ब) उत्पादन की विधि
960. (अ) अतिरिक्त मूल्य
961. (द) अधिक श्रमिकों को रोजगार देना
962. (स) शुंपीटर
963. (द) माल्थस
964. (द) उपर्युक्त सभी
965. (अ) लुईस
966. (द) फाई-रेनिस
967. (स) हैरिस-टोडैरो
968. (ब) लिबंस्टीन
969. (अ) नेल्सन
970. (ब) रोजेस्टीन-रोदान
971. (द) आय की अविभाज्यताएँ
972. (अ) रोजेस्टीन-रोदान
973. (ब) हर्षमेन
974. (स) संतुलित वृद्धि का सिद्धांत
975. (स) मिर्डल
976. (अ) हेरड डोमर के मॉडल पर
977. (ब) डोमर के मॉडल की
978. (द) उपर्युक्त सभी दरों में
979. (अ) G = GN = Gw
980. (ब) अभीष्ट वृद्धि दर
981. (स) काल्डर
982. (द) जॉन रॉबिंसन
983. (ब) जे.ई. मीड
984. (ब) सोलो
985. (अ) महालनोबिस मॉडल
986. (ब) बहुराष्ट्रीय निगम

987. (अ) पेसिनेटी

988. (स) चेनरी

989. (ब) छाया कीमत

990. (स) परियोजना के लागत-लाभ का अध्ययन

991. (अ) B–C

992. (द) $\frac{B}{C}$

993. (स) डी.आर. गाडगिल

994. (अ) लियोनटिफ

995. (ब) पूँजी उत्पादन अनुपात

996. (द) $\frac{\Delta C}{\Delta y}$

997. (स) डाल्टन

998. (द) प्रति व्यक्ति आय अधिकतम हो

999. (अ) प्रो. के.ई. काहन

1000. (स) प्रो. नर्कसे

□□□